艺术 体育
高校学术研究论著丛刊

新时期大学生体质健康科学管理研究

宋浩 等 著

中国书籍出版社
China Book Press

图书在版编目(CIP)数据

新时期大学生体质健康科学管理研究/宋浩等著. --北京:中国书籍出版社,2019.11
ISBN 978-7-5068-7576-9

Ⅰ.①新… Ⅱ.①宋… Ⅲ.①大学生－身体素质－健康教育－研究 Ⅳ.①G807.4

中国版本图书馆 CIP 数据核字(2019)第 276312 号

新时期大学生体质健康科学管理研究

宋浩 等 著

丛书策划	谭 鹏 武 斌
责任编辑	成晓春
责任印制	孙马飞 马 芝
封面设计	东方美迪
出版发行	中国书籍出版社
地 址	北京市丰台区三路居路 97 号(邮编:100073)
电 话	(010)52257143(总编室) (010)52257140(发行部)
电子邮箱	eo@chinabp.com.cn
经 销	全国新华书店
印 刷	三河市铭浩彩色印装有限公司
开 本	710 毫米×1000 毫米 1/16
印 张	15
字 数	270 千字
版 次	2021 年 1 月第 1 版 2021 年 1 月第 1 次印刷
书 号	ISBN 978-7-5068-7576-9
定 价	72.00 元

版权所有 翻印必究

目　录

第一章　体质健康概述 …………………………………… 1
　第一节　体质的概念与内涵 …………………………… 1
　第二节　健康的基本常识 ……………………………… 6
　第三节　全民健康的重要意义 ………………………… 12

第二章　大学生身心特征与体质健康问题分析 ………… 15
　第一节　大学生生理与心理特点 ……………………… 15
　第二节　大学生身体形态现状与问题 ………………… 18
　第三节　大学生身体机能现状与问题 ………………… 21
　第四节　大学生身体素质现状与问题 ………………… 24
　第五节　影响大学生体质健康的主要因素 …………… 33

第三章　大学生体质健康管理的理论体系 ……………… 42
　第一节　健康管理的基本理论 ………………………… 42
　第二节　大学生体质健康管理的内容与方法 ………… 44
　第三节　大学生体质健康管理的模式与程序 ………… 50
　第四节　大学生体质健康管理的服务体系 …………… 59

第四章　大学生体质健康管理的现状分析与对策研究 … 72
　第一节　大学生体质健康管理的认知与需求现状 …… 72
　第二节　大学生体质健康管理的实施与建设现状 …… 82
　第三节　大学生体质健康管理存在的问题分析 ……… 94
　第四节　改进与完善大学生体质健康管理的建议 …… 96

第五章　大学生体质健康管理方案与平台的建设研究 …… 100
　　第一节　大学生体质健康管理方案的制定与应用 …… 100
　　第二节　大学生体质健康管理平台的构建与运行 …… 103

第六章　大学生体质健康管理机制与创新研究 ………… 120
　　第一节　大学生体质健康管理机制的基础理论 …… 120
　　第二节　大学生体质健康管理机制的问题与完善 …… 125
　　第三节　大学生体质健康管理机制的创新研究 ……… 131

第七章　大学生体质健康的营养与教育干预路径 ……… 138
　　第一节　营养与大学生体质健康 ………………… 138
　　第二节　健康教育与大学生体质健康 …………… 152

第八章　大学生体质健康促进的运动健身指导 ………… 163
　　第一节　球类运动健身指导 ……………………… 163
　　第二节　传统体育运动健身指导 ………………… 175
　　第三节　时尚流行运动健身指导 ………………… 190

第九章　大学生常见疾病与防治 ………………………… 199
　　第一节　常见不适症状 …………………………… 199
　　第二节　五官科疾病 ……………………………… 205
　　第三节　外科与皮肤科疾病 ……………………… 209
　　第四节　内科疾病 ………………………………… 216
　　第五节　传染病 …………………………………… 222

参考文献 ………………………………………………… 232

第一章 体质健康概述

本章主要对体质健康进行阐释与分析，主要内容包括体质的概念与内涵、健康常识以及全民健康的重要意义。

第一节 体质的概念与内涵

一、体质的概念

体质是人体的质量，是基于遗传性和获得性而表现出来的人体形态结构、生理功能和心理因素综合的、相对稳定的特征。[①]

体质是一个综合性概念，其由多种具有层级性的因素组成，如体格、身体机能、体能、适应能力以及精神状态等一级要素，生长发育、体型、身体姿态、身体素质等二级要素，如图1-1所示。

二、体质内涵的演变与发展

现在，体质的概念从最初的不完善到现在的完善经历了漫长的过程，下面着重对体质内涵的演变与发展进行分析。

---

① 毛亚杰.大学生健康教育[M].北京：北京理工大学出版社，2014.

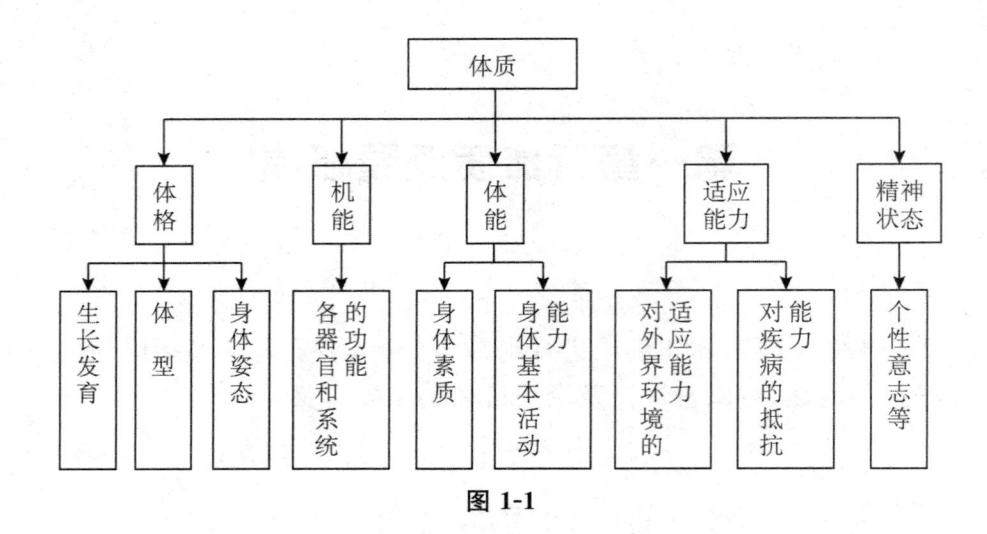

```
                           体质
        ┌──────┬──────┼──────┬──────┐
       体格    机能    体能   适应    精神
                             能力    状态
      ┌─┼─┐    │     ┌─┤     ┌─┤      │
     生 体 身  各的   身 能   对适 对能 个
     长 型 体  器功   体 力   外应 疾能 性
     发    姿  官能   素 身   界能 病力 意
     育    态  和和   质 体   环力 的   志
              系统      基   境的 抵   等
                        本        抗
                        活
                        动
```

图 1-1

"质"在古代文学作品中指的是本、主、实、体。简单来说就是物类的本体。体质在体质骨病学中主要指的是具有相对稳定性的人体质量或人体素质。中医体质学对人的体质类型进行了划分,具体分为 9 种不同的类型,分别是平和质、气虚质、阳虚质、阴虚质、痰湿质、湿热质、血瘀质、气郁质、特禀质,不同体质的区别主要从形体特征、生理与心理特征、发病倾向以及病理反应状态等方面体现出来,辨体、辨病、辨证的"三辨理论"诊疗模式在此基础上逐渐形成。① 在人类学尤其是人体测量学的影响下,现代体质学逐步形成,其形成早期主要对人体形态结构进行研究。1871年,体质人类学作为一个新概念首次出现,指的是人类学中对人类体质进行研究的领域。在体质人类学发展早期,其主要是对人的身体结构与人体测量方法进行研究,其后来也对人类的起源与进化进行研究,这发生在考古学发展到一定程度及出现生物进化论之后。随着体质人类学的不断发展,现代体质学科也逐步向独立学科过渡与发展。

1962 年,国家科委和卫生部将成年人体质调查作为一个重

---

① 王梅,王晶晶,范超群.体质内涵与健康促进关系研究[J].体育学研究,2018,1(05):23-31.

第一章 体质健康概述

点项目纳入我国未来十年科学技术的发展规划中，并提出了解剖学工作者逐步开展成人体质调查工作的要求。通过调查国民体质，能够整体出一套属于我国人民的人体参数与体质常数，从而为国防、医疗、人机工程、体育等领域提供准确数据参考。我国解剖学会体质调查组在1982年对1980年以前我国人民体质调查数据做了汇总。随后《中国人体质调查》一书出版，但这本书主要是将人民体质测量数据汇集在一起，缺乏系统性与完整性。

我国探索体质是如何成为一门系统而独立的学科的要追溯到20世纪70年代。在当时，我国大部分人都认为人体是强壮还是羸弱，本质上就与体质存在着密切关系，而且体质与健康密不可分，体质也反映了个体抵抗疾病的能力。受历史因素的影响，中华民族一直都期望自身能拥有强健的体质，体质从本质上来说是身体与精神的高度统一，这从"野蛮其体魄，文明其精神"这句话中得到了鲜明的体现。我国人民开始普遍认识体质这个词和毛泽东同志提出的体育思想——"发展体育运动，增强人民体质"有直接的关系，体育与体质的关系在这一体育思想中已经被阐释得很明确了。体育锻炼效果可以从体质上直观反映出来，也就是说体质是对体育锻炼效果进行衡量的一个显性指标。同时，体质好的人也有较强的运动能力，其体育锻炼效果和运动成绩自然也要比体质差的人好一些，人的体质是可以通过体育锻炼得到改善的。体育与体质的密切关系是体质在体育的牵头作用下逐步发展成为一门人体科学的一个根本原因。

1979年，我国首次开展全国儿童青少年体质调查研究工作，此次工作由原国家体委联合教育部等部委共同组织，调查内容包括儿童青少年的身体形态、身体机能与身体素质。这也是我国第一次全面而系统地掌握我国儿童青少年的体质发展情况，通过调查与测量获得了大量真实数据。之后，我国体育界、教育界以及卫生界的多名专家与学者借助国家调查儿童青少年体质的契机而组织成立中国体育科学学会体质研究分会，对国内外体质研究的相关理论和实践进行了系统梳理,并在 1982 年对体质的概念做了明确表述,也提出了体质的范畴。体质概念的表述内容和上面提到的体质的概念是一致的,即"体质是人体的质量,是在遗传性和获得性的基础上表现出来的人体形态结构、生理功能和心理因素的综合的、相对稳定的特征"。这个概念在体质学科领域中是较为规范的,也是运用最普遍的。除了提出体质的概念外,还明确了"体质"的范畴,具体五个要素,见表 1-1。

表 1-1 中的五个要素密切联系,既相互依存与影响,同时也相互制约,它们同生共存、不可分割。这五个要素中,属于物质基础的是身体形态结构,属于综合反应的是适应能力,其余要素是体质的主观或客观表现。

表 1-1 体质的范畴(中国体育科学学会体质研究分会提出)[1]

体质的五个要素	具体内容
身体发育水平	体型
	体格
	体姿
	身体成分
	营养状况等
身体功能水平	机体新陈代谢
	身体器官效能
	身体系统效能等
运动能力及身体素质水平	基本活动能力(走、跑、跳、投等)
	五大身体素质(力量素质、速度素质、耐力素质、柔韧素质、灵敏素质)

---

[1] 王梅,王晶晶,范超群.体质内涵与健康促进关系研究[J].体育学研究,2018,1(05):23—31.

第一章 体质健康概述

续表

体质的五个要素	具体内容
心理发育水平	感知觉发育
	智力发育
	情感发育
	性格发育
	个性发育
	意志发育
	行为发育等
适应能力	适应自然环境
	适应社会环境
	适应紧张生活
	抵抗疾病等

在人类的生产与生活中，体质是必不可少的物质基础，在国民素质体系中，体质是最基本的组成因素。体质学科具有较强的应用性，随着我国体质监测与调研工作的大规模开展，体质学科研究的应用实践体系逐步形成且具有系统性，这也促进了体质学科对体质概念研究的不断深入及该学科研究领域的不断拓展。与此同时，生命科学、公共健康等领域有大量的证据可以对体质与健康的辩证关系加以证明。国民体质监测在我国正式实施是从 2000 年开始的，到现在国民体质监测体系已经基本形成，该体系具有周期性、系统性和制度性。我国在实施国民体质监测的过程中，每次监测的全国总样本量为 46 多万人，监测对象的年龄分布在 3~69 岁，包括幼儿、学生、成年人以及老年人。对这些群体的监测主要从四个方面展开，分别是身体形态、身体机能、身体素质以及日常生活与体力活动。通过监测国民体质，"中国国民体质监测数据库"逐步建立。我国还在此基础上对国民体质的变化规律进行系统研究。参考这些监测数据与研究成果有助于对我国群众体育的发展进行评估，并使有关部门有针对性地制定科学

策略来促进国民体质的增强。在我国实施全民健身计划的过程中,国民体质监测是一项必不可少的重要工作,而且新时期建设健康中国同样需要有计划、系统地实施国民体质监测。

从体质的内涵演变及相关实践工作的开展来看,我国学者认为人的生命过程的本质直接体现在人体机能和体质发展上,认为各种内外环境因素会在很大程度上影响体质的发展。

第二节 健康的基本常识

一、健康的含义

健康是全人类的共同追求,关于健康的含义,不同历史时期有不同的解释。联合国世界卫生组织(WHO)对健康概念的界定相对更加权威,得到了全世界的普遍认可。WHO这样定义健康:"健康不仅指没有疾病或不虚弱,而是身体上、精神上和社会适应方面的完满状态。"后来,健康概念被进一步深化为"躯体健康、心理健康、社会适应良好和道德健康"。

也有学者在健康概念的基础上提出了"完全健康"的概念,其涉及的内容如图1-2所示,完全健康体系囊括了健康的概念以及健康的基本内涵。

二、健康的标准

(一)十项基本标准

世界卫生组织制定了十项基本标准来衡量健康,这些标准主要涉及三大方面,即躯体健康、心理健康和社会适应良好,具体如下:

图 1-2

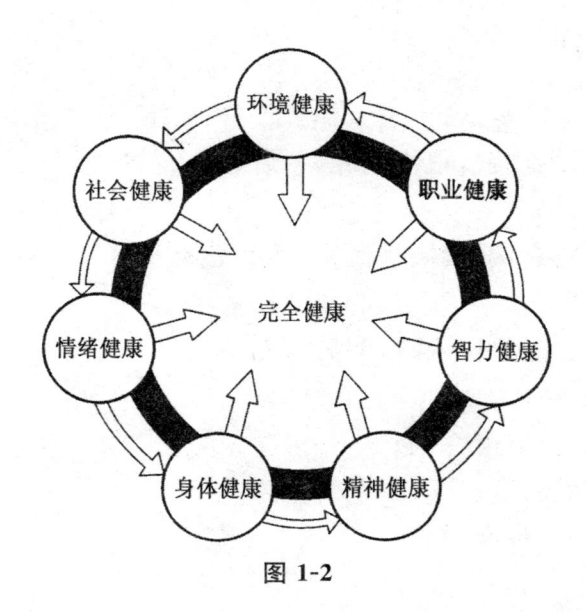

(1) 体重合适,身材匀称而挺拔。
(2) 能抵抗普通感冒和传染病。
(3) 善于休息,睡眠良好。
(4) 眼睛明亮,反应敏锐。
(5) 头发具有光泽而少头屑。
(6) 牙齿清洁无龋,牙龈无出血,而且颜色正常。
(7) 肌肤富有弹性。
(8) 有充沛的精力,能从容不迫地应对日常生活和工作而不感到有精神压力。
(9) 处事乐观,态度积极,勇于承担责任。
(10) 应变能力强,能适应外界的各种变化。

(二)"五快"和"三良好"标准

"五快"和"三良好"标准也被普遍运用于对健康的衡量中,具体如下:

1."五快"

(1)吃得快。

食欲好,不挑食,很快吃完一顿饭。

(2)便得快。

一旦有便意,能很快排泄完,而且感觉良好。

(3)睡得快。

有睡意后能很快入睡,醒后头脑清醒。

(4)说得快。

思维敏捷,口齿伶俐。

(5)走得快。

行走自如,步履轻盈。

2."三良好"

(1)个性人格良好。

①情绪稳定,性格温和。

②意志坚强,感情丰富。

③胸怀坦荡,豁达乐观。

(2)处世能力良好。

观察问题客观、现实,自我控制能力和适应复杂社会环境的能力较好。

(3)人际关系良好。

助人为乐,与人为善。

三、亚健康

临床上存在疲乏无力、精力不振、肌肉酸痛、头晕头痛、心悸胸闷、记忆力下降、睡眠异常、学习困难、烦躁不安、情绪低落、人际关系紧张、社会交往困难等种种不适症状,通过运用现代仪器或方法检测却未发现阳性指标,或者虽有部分指标的改变,但尚

第一章 体质健康概述

未达到现代医学疾病的诊断标准,这就是"亚健康"状态。[①]

亚健康既非健康,也非疾病,而是处于二者之间的一种状态。亚健康的人在某段时间内会出现活力下降、功能和适应能力减退等症状,但从现代医学角度来看,这些症状不属于疾病症状。

亚健康症状表现在躯体、心理、道德、社会适应等多个方面,从这一角度出发可以将其划分为四种类型,见表1-2。

表1-2 亚健康的分类

亚健康的分类	具体表现
躯体亚健康	睡眠失调
	疲劳
	疼痛
	其他症状
心理亚健康	记忆力下降
	焦虑
	恐惧或嫉妒
	抑郁
社会交往	青少年社会交往
	成年社会交往
	老年社会交往
道德亚健康	各种道德问题

四、体质与健康的关系

（一）体质是高水平健康

身体形态、身体机能等既是体质的内容,也是健康的内容。

[①] 刘星亮.体质健康概论[M].北京:中国地质大学出版社,2010.

体质中的身体形态、身体机能与健康中的身体形态、身体机能既有区别，又有联系，因此说体质与健康也是既有区别，又有联系。在人的生命活动中，体质是最基本的一个要素，同时它也是健康的物质基础。体质与健康的含义、研究范畴等都有明显的不同，但也有交叉部分。与健康相对的是疾病，人们所追求的健康主要没有疾病和延年长寿，此外心理健康、社会适应健康等也是人们追求的目的，以期达到全面健康。而体质则强调身体结构的优化、身体机能的提高以及二者的协调性，注重身体素质、体型、基本运动能力等，提倡挖掘人的内在潜力，使其更好地适应日常生活、适应应急事件以及抵抗疾病。体质与健康在研究方面也有不同，健康注重对人体"外观"的研究，而体质注重对人体"内部"的研究。

我国学者这样概括体质与健康的关系：体质可以分为健康和体力，二者相对独立，不可互相替代，也不能各自单独代表体质，即不能说健康就是体质，也不能说体力就是体质，只有二者结合起来才称得上是体质。

（二）体质决定完美健康

体质因素对健康的影响非常大，一个人从健康状态到亚健康状态、再从亚健康状态到疾病状态的变化过程中体质因素产生的影响不容忽视，发生疾病的一个主要内在影响因素就是体质偏颇。随着社会的进步与科技的发展，人们的生活方式发生了巨大变化，呈现出自动化特征。自动化的现代生活让人们尝到"甜头"的同时也尝到了"苦头"，人们因为体力活动减少而出现了慢性疾病症状，饱受疾病之苦。人的健康与生命质量直接受体质因素的影响，体质对健康、疾病以及寿命有预示作用，学界经过研究也证实了这一点。因此我们要高度重视体质对健康的影响，通过调节体质来达到完美健康状态。

（三）体质测定是健康促进的核心内容

2007年，"运动是良医"项目由美国医学会与美国运动医学学

第一章 体质健康概述

会共同发起,该项目的核心是"增加体力活动,适当运动以促进健康",发起该项目主要是为了推广一个理念,即"运动可以促进健康,在运动与体力活动中要正确制定和实施运动处方"。康复医师或体疗师根据体育锻炼者或病人的体检结果而以处方形式对运动内容、运动强度、运动时间、运动频率及运动注意事项等进行明确规定,并在体育锻炼者或病人的运动锻炼过程中对其身体健康状况进行观察,对其运动效果进行评估,然后根据实际情况调整运动处方。运用运动处方能够指导人们有计划地科学锻炼,使其取得良好的锻炼效果。在运动处方的制定中,要注意达到科学化、个性化、定量化的要求,这样的运动处方才更有实用性。对锻炼者的体质进行科学而准确的评估是调整运动处方的前提与基础,评估内容包括机体代谢、心肺功能、身体素质、日常活动能力、心理状况等。要充分发挥个性化运动处方的价值,最大化地降低风险,提高健康收益,就要做好体质测定工作。开展这项工作既要科学,又要精准。在体医融合理念下注重体质测定和运动处方的实施,有助于为健身与健康之间搭建桥梁,使人们通过健身达到健康目标。

现代健康生活方式中包括体质测定,在体质测定的基础上对个体运动风险进行评价,并参照测量数据对科学化与个性化的运动处方进行制定,从而指导人们科学锻炼,这样更有助于达到增强体质的效果。通过体质测量,能够了解人们表面健康状况下的深层次健康状况以及人体结构功能协调下的最大能力。[1]

现在,体力活动水平降低是世界人民的共性问题,在这一背景下,加强体质监测显得更加重要,这是提高人们体力活动水平和生命质量的前提。我国定期实施国民体质监测工作,今后还应该在此基础上开发日常体质监测服务,并将其作为国民体质监测的补充,以完善我国体质监测体系,为全民健康服务。

---

[1] 王梅,王晶晶,范超群.体质内涵与健康促进关系研究[J].体育学研究,2018,1(05):23—31.

第三节　全民健康的重要意义

一、全民健康与全面体育强国

"没有全民健康,就没有全面小康。"这是习近平总书记提出的重要论断。我国要全面建设小康社会,就必须重视城乡居民的健康,而要提高全民健康水平,就必须发挥体育的作用,尤其要注重大众体育的发展。大众体育是体育强国战略的重要组成部分,发展大众体育对我国由体育大国迈向体育强国具有重大意义。与此同时,我国还要将体育产业、体育科技、体育文化等体育强国战略的其他内容全面重视起来,以推进体育强国建设进程。

全面体育强国反映了一个国家的综合实力,我国可以从多个角度如体育经济功能、体育社会价值、体育文化意义等来深入理解全面体育强国的内涵。

全面体育强国中,"全面"是范围要求,表明要从体育机制、体育软硬实力等多方面考量一个国家的体育水平,而不是看一个国家在某个体育领域的局部优势。虽然不同学者对"全面"的内涵有不同的理解,而且存在一定的争议与分歧,但都大致包括以下几个部分:

第一,体育软实力:表现为体育文化及在国际体育事务中的话语权等。

第二,体育硬实力:表现为竞技体育、大众体育、体育科技、体育教育、体育产业等。

第三,体育机制:表现为体育运转机制的科学性、合理性与持续性。

全面体育强国中的"强"既有相对性,又有绝对性。相对性指

第一章 体质健康概述

的是一个国家的体育发展相对于其他国家比较强,竞争优势明显,这是横向比较的结果;绝对性指的是体育所承载的人民的身体素质、人文素养可以支撑经济发展和社会发展的需要。[①] 整体而言,全面体育强国的概念涉及体育发展的目标、内容、方法、范围等多个要素。

近年来,我国为推进体育强国建设而做了很多努力,成绩显著。如竞技体育实力增长迅速,在奥运会中取得可观的成绩;体育产业不断发展,体育经济发展水平提升;大众体育日益普及,全民健身意识增强;等等。

我国经济与社会的发展以及全民健康战略的实施要求加大体育强国建设力度。建设全面体育强国对促进我国经济转型、经济效益的提升、劳动力身体素质的增强都具有重要意义。为了推进全面型小康社会的建设,实现全面小康社会目标,必须重视全面体育强国建设。

西方国家的一些体育俱乐部存在运动员生活方式糜烂、奢侈等问题,这在很大程度上影响了俱乐部的健康发展以及民族体育文化的弘扬。我国在体育强国建设中要注意预防此类问题的发生,应加强对运动员的教育,提高运动员的综合素质,使其在弘扬民族体育文化、推动体育事业健康发展方面发挥重要作用,并在将社会主义核心价值观转化为人民群众共同价值追求的过程中发挥模范作用。

体育的发展涉及竞技体育、大众体育、体育产业、体育科技等多个方面,而体育发展的终极目标落在大众体育上。在我国体育强国建设中,大众体育是一个"短板"。对此,我们要尽可能开展对发展大众体育和提高人民群众体质健康水平有益的丰富多彩的体育活动,不断提高我国大众体育的发展水平,以实现全民健康与全面体育强国的战略目标。

---

① 刘梅英.重视全民健康 建设全面体育强国[N].光明日报,2016-12-25(006).

二、体育强国建设与"健康合力"

现在,体育强国建设是我国的一项重要战略,习近平总书记强调:"加快建设体育强国,就要弘扬中华体育精神,弘扬体育道德风尚,坚定自信,奋力拼搏……让体育为社会提供强大正能量。"[①]这超越了以往体育对于我国人民群众的意义。以前的体育更注重运动员竞技实力与个人能力的彰显,而对于非运动员而言,体育是观赏的对象,真正投入其中的人非常少。现阶段,体育强国建设是国家层面的重要战略之一,其不仅仅关注培养与提高运动员的竞技能力,也强调广大人民群众亲身参与体育,将此作为生活的一部分。"全运惠民,健康中国",这个全运会主题即充分体现了这一点。

我国发展体育事业要坚持"以人为本"的原则,在体育强国建设中也要充分落实这一点,人民群众健康的体魄与生活是我国实现"中国梦"的根基。

《"健康中国2030"规划纲要》明确提出要加大对国家体育锻炼标准的实施力度,大力推动群众健身活动的发展,促进全民健身体系的丰富和完善。为了使人民群众能够健康生活,我国不仅要实施全民健身计划,还要开展卫生计生、食品安全、环境保护、健康教育、医疗服务等相关工作,立求从多个方面着手,最终形成"健康合力",全面推动体育强国建设。

---

① 祝乃娟.建设体育强国,形成"健康合力"[N].21世纪经济报道,2017-08-29(004).

第二章 大学生身心特征与体质健康问题分析

大学生的身心发展具有一定的规律,随着现代社会的迅猛发展,当代大学生生理与心理的发展都表现出一定的独特性。此外,近些年大学生体质水平日趋下降,健康问题凸显,国家与社会对此给予了高度关注。了解大学生的身心发展特点和体质健康问题,有利于更加科学有效地对大学生的体质进行管理,从而提高健康管理效果与大学生体质健康水平。本章主要就大学生身心特征与体质健康问题展开分析,并在此基础上探讨影响大学生体质健康的主要因素。

第一节 大学生生理与心理特点

一、大学生生理特点

我国大学生的年龄普遍分布在18~24岁之间,这个年龄段的大学生处于青年中期,其体格与生理功能与成年人无异。下面简要分析大学生的形体、神经系统以及性机能特征

(一)形体的特点

大学生的体格与体型与成年人接近,骨骼基本固化,并达到一定的坚固程度。经历了生长发育的高峰期后大学生身体外部

形态(体重、肩宽、胸围、头围、骨盆等)的发展慢慢趋于缓和。

(二)神经系统的特点

大学生处于脑细胞建立联系的上升期,其经过长期而系统的专业学习后,皮层细胞活动增长速度加快,神经元联系日渐强化,大脑皮层活动明显增多,大脑发育愈发成熟。

(三)性机能的特点

在生长发育阶段,生理发展的第二个高峰期出现在青春期,这一时期身体形态和神经系统的发展速度不断加快,性器官和性机能不断趋于成熟,男、女生的性别特征愈发明显,好奇、吸引、关注、爱慕等情感出现在异性之间。

二、大学生心理特点

当代大学生的心理发展呈现出以下几个鲜明的特征:

(一)抽象思维快速发展,但比较主观、片面

抽象思维产生于理性认识阶段,人们在理性认识活动中将概念、判断、推理等思维形式运用于间接或概括地反映客观现实的过程中。大学生掌握和积累的知识较多,其抽象思维在知识储备丰富的基础上不断快速发展。大学生在思考和解决问题的过程中以辩证思维看待问题,而非盲从,这正是其抽象思维发展的体现。

但是,大学生的抽象思维还不够成熟,带有主观性和片面性,所以会出现固执己见、易冲动、自负、行为偏激等现象,这与其缺乏社会阅历和生活经验等有关。

(二)自我意识强烈但不成熟

人对自己及自己与外界(指他人与社会)关系的认识就是所

第二章　大学生身心特征与体质健康问题分析

谓的自我意识。大学生在结束大学生活后就要进入社会,他们希望社会可以关注他们并认可他们的学识及能力,而不喜欢被指指点点、过分干涉与限制,也讨厌别人将他们当孩子看待,可见大学生具有较强的自我意识。

但是,因为大学生涉世未深,社会生活经验不足,而且也缺乏一定的生存能力,所以会比较片面地看待社会,有些想法与行为还是充满孩子气,不够成熟,幻想色彩浓厚,与实际不符,这也是其缺乏成熟的自我意识的表现。

(三)情感丰富,情绪波动明显

大学生身心发展基本与成人无异,日趋成熟,而且散发着青春的气息,活力四射。大学就是社会的缩影,大学生在大学期间与来自全国各地甚至国外的同学打交道,情感体验越来越丰富,社交能力也不断增强;而且独自在外的大学生独立性较强,他们远离父母,更加珍惜师生之情与同学之情,情感浓厚。此外,爱情也会影响大学生的心理发展,使大学生情感丰富而强烈。

虽然大学生对自己情绪的控制能力相比中学时期有了明显的提升,但当他们遇到此前从未遇到的较大刺激时,还是难以将自己的情绪控制好,情绪起伏不定、波动大,甚至他们会在不良情绪的控制下做出过激行为。

(四)性意识增强

处于青年中期的大学生心理发育渐渐成熟,性意识明显增强,这给他们带来了以下两个方面的影响。

第一,大学生按照性别特征进行自我形象塑造,充分彰显自己的个性。

第二,青春萌动的大学生倾慕与追求异性,并希望得到异性的关注。

(五)意志水平提升,但缺乏稳定性

部分大学生步入高校以后,会根据自己的兴趣爱好与实际情

况而确立一个奋斗目标,并根据这个目标而制订一份计划,按计划学习或从事其他相关工作,为实现目标而不断努力,不断克服困难,表现出坚强的意志。大学校园环境良好,如学生生活独立,学习氛围浓厚等,大学生的意志力在这样的大学校园环境中得到了有效的锻炼。

然而,大学生的意志水平缺乏一定的稳定性,主要表现为没有形成稳定的良好行为习惯,心中所想与实际行动相悖,遇事退缩、优柔寡断,需要听取教师或同学的意见才能做决定。

第二节 大学生身体形态现状与问题

分析我国部分地区大学生的体质现状,能够基本了解我国大学生的整体体质情况。本节对大学生身体形态现状分析的数据来源于"《国家学生体质健康标准》年度体质测试"吉林省2016年数据。王祥全在《我国大学生人口身体素质研究》一文中筛选数据后分析了4 411名大学生的体质测试数据,其中有2 338名男生(1 209名城市学生,1 129名乡村学生)、2 073名女生(1 152名城市学生,921名乡村学生)。[①] 本节主要分析大学生的身体形态测试结果以及从测试结果中反映出来的身体形态问题。

一、身体形态现状

人身体外部的形状与特征就是身体形态,具体表现为身体长度、身体宽度、身体重量、身体围度以及它们之间的相互关系。重量、长度、宽度、围度等也是身体形态评价的重要指标。判断一个人的身体形态是否良好,要看其体型是否匀称、身体姿势是否正确,甚至还要看营养状况是否良好。

---

① 王祥全.我国大学生人口身体素质研究[D].吉林大学,2018.

第二章 大学生身心特征与体质健康问题分析

对人的身体形态进行评价时,体重指数是一个非常重要的评价指标。体重指数的计算公式为:体重指数(BMI)=体重(千克)/身高(米)^2。这个指标可以反映出一个人的身体发育水平、胖瘦程度、身体匀称度以及营养状况。体重指数与人的健康有直接的关系,对人体机能与身体素质指标的变化也有影响。18.5~24是成人体重指数的正常范围,小于这个正常范围的最低值时体重过轻,营养不良,超重或肥胖的人体重指数大于正常体重指数范围的最高值。这一标准是世界卫生组织制定的,但它更适用于西方人,我国对体重是否正常的评判应有自己的一套标准,国际生命科学学会中国办事处统一认为中国成人体重指数达到24及以上就是超重,达到28及以上就是肥胖。

我国大学生已经是成年人了,所以完全可以按照成人标准来判断其体重是否正常,如果不正常,则说明身体不够匀称。根据《国家学生体质健康标准》,男大学生和女大学生体重指数等级表分别见表2-1和表2-2。

表 2-1 大学男生体重指数等级表

等级	体重指数(单位:千克/米^2)
正常	17.9~23.9
低体重	≤17.8
超重	24.0~27.9
肥胖	≥28.0

表 2-2 大学女生体重指数等级表

等级	体重指数(单位:千克/米^2)
正常	17.2~23.9
低体重	≤17.1
超重	24.0~27.9
肥胖	≥28.0

在大学生身体形态测量中,要先测量大学生的身高和体重,然后根据测量结果计算体重指数,体重指数的数值变化直接由体重和身高的变化所决定。受试学生的体重指数统计结果见表2-3。统计结果显示,肥胖和超重的学生较多,而且男生多于女生,因为女生保持体形和减肥的意识更强烈。也有一定比例的学生体重偏轻,这部分群体以女生居多,这与女大学生过分减肥有关。

表2-3 受试学生体重指数等级分布[①]

		城市男大学生	乡村男大学生	城市女大学生	乡村女大学生
偏轻	人数	69	72	78	67
	比例(%)	5.7	6.4	6.8	7.3
标准	人数	776	771	980	778
	比例(%)	63.5	68.3	85.0	84.4
超重	人数	271	251	71	65
	比例(%)	22.4	22.2	6.2	7.1
肥胖	人数	102	35	23	11
	比例(%)	8.4	3.1	2.0	1.2

数据来源:"《国家学生体质健康标准》年度体质测试"2016年吉林省数据。

二、身体形态的问题

我国大学男生近些年来身高一直都在增长,大学女生身高的变化呈现出前期增长较快,后期平稳增长的特征。在人体生长发育阶段,身高是一个不可忽视的重要指标。我国大学生的身高长期以来一直保持增长趋势,这说明大学生的身体形态良好,体质在不断提高与改善。但如果从整体视角来考虑人口素质,我们应综合身高、体重、运动能力等各项指标进行衡量。通常,随着身高

[①] 王祥全.我国大学生人口身体素质研究[D].吉林大学,2018.

的增长,人的身体机能、身体素质也会有所提高。但一些专家指出,虽然我国青少年的身高在不断增长,但他们跑步的速度却减慢了,而且青少年的力量也因为体重的不断增加而减小了。因此,不能只凭身高这个指标去判断大学生身体的强壮度和形体健康水平。

目前,很多人都追求身材高大,这个身高观对现代人的生活方式也有一些影响。人们为了长高,过分补充营养,甚至滥用药物,这些都是不科学的手段。人的身高既受先天遗传因素的影响,又受营养、医疗、卫生、体育运动等各种后天因素的影响,身高的增长是各种因素共同作用的结果。并非身材高大就一定会身体健康,真正的身体健康是身体形态、身体机能以及身体素质等各方面的协调、均衡发展。大学生身高持续增长虽然值得高兴,但身体机能、身体素质等也应有所提升与改善,这样才能达到真正的健康。

偏重与肥胖的大学生数量不断增加、占比不断增多是近年来我国大学生在身体形态方面表现出的主要问题。超重、肥胖的问题与体重有直接的关联,这些身体形态问题对人的身体机能、身体素质都有不好的影响。21世纪全球普遍存在的公共卫生问题中就包括超重、肥胖,这些问题对人类健康有严重危害。近年来,我国经济发展迅速,人民生活水平直线上升,人口肥胖率也在不断增长,而且肥胖问题不仅发生在城市,也发生在农村,且有低龄化倾向。

第三节 大学生身体机能现状与问题

一、身体机能现状

在新陈代谢的作用下,人体各器官系统的工作能力就是所谓的身体机能。人的生命活动及各器官系统的功能主要从身体机能中反映出来。脉搏、血压、肺活量等是身体机能测量的主要指标。这里主要分析肺活量指标。

肺活量指的先用最大的力吸气,再用最大的力呼出的气体量。测量肺活量时,不对时间进行限定,人体生长发育水平如胸廓大小、呼吸机的力量等能够从这一身体机能指标中反映出来。身体越健康,肺活量越大。身高、体重、胸围等因素都会在不同程度上影响人的肺活量。根据《国家学生体质健康标准》,大学生肺活量评分表见表2-4。

表2-4 大学生肺活量评分表

等级	单项得分	男生 大一大二	男生 大三大四	女生 大一大二	女生 大三大四
优秀	100	5 040	5 140	3 400	3 450
优秀	95	4 920	5 020	3 350	3 400
优秀	90	4 800	4 900	3 300	3 350
良好	85	4 550	4 650	3 150	3 200
良好	80	4 300	4 400	3 000	3 050
及格	78	4 180	4 280	2 900	2 950
及格	76	4 060	4 160	2 800	2 850
及格	74	3 940	4 040	2 700	2 750
及格	72	3 820	3 920	2 600	2 650
及格	70	3 700	3 800	2 500	2 550
及格	68	3 580	3 680	2 400	2 450
及格	66	3 460	3 560	2 300	2 350
及格	64	3 340	3 440	2 200	2 250
及格	62	3 220	3 320	2 100	2 150
及格	60	3 100	3 200	2 000	2 050

第二章　大学生身心特征与体质健康问题分析

续表

等级	单项得分	男生 大一大二	男生 大三大四	女生 大一大二	女生 大三大四
不及格	50	2 940	3 030	1 960	2 010
	40	2 780	2 860	1 920	1 970
	30	2 620	2 690	1 880	1 930
	20	2 460	2 520	1 840	1 890
	10	2 300	2 350	1 800	1 850

受试学生肺活量测试结果见表2-5。统计结果显示，成绩合格的大学生占60%左右，不及格的都超过了10%，成绩优秀和良好的学生所占比例偏低，大学生缺乏体育锻炼是其肺活量成绩不佳的一个主要原因。

表2-5　受试学生肺活量成绩等级分布[①]

		城市男大学生	乡村男大学生	城市女大学生	乡村女大学生
优秀	人数	140	113	67	59
	比例(%)	11.6	10.0	5.8	6.4
良好	人数	230	224	150	112
	比例(%)	19.0	19.8	13.0	12.1
及格	人数	688	652	810	637
	比例(%)	60.0	57.8	70.3	69.1
不及格	人数	151	140	125	113
	比例(%)	12.5	12.4	10.9	12.3

数据来源："《国家学生体质健康标准》年度体质测试"2016年吉林省数据。

二、身体机能的问题

肺活量偏低且有持续走低趋势是我国大学生近年来在身体

---

① 王祥全.我国大学生人口身体素质研究[D].吉林大学,2018.

机能方面存在的主要问题。人体内时时刻刻都有氧气在消耗,肺部呼吸摄入氧气是人体内部所需氧气的直接来源,并在吸气之后的呼气中排出二氧化碳。在机体气体交换的过程中,肺是一个不可缺少的中转站,每次呼吸时气体交换的量直接由这个中转站的容积所决定。肺活量低于正常值,说明机体不具备良好的摄氧能力,而且也不能很好地将新陈代谢中产生的废气排出去,人体内部供氧不通畅,就会导致人体组织、器官及系统无法正常工作,出现头晕、头痛、胸闷心悸、注意力下降、记忆力减退、精神不振、失眠等症状,这对人的健康、学习及工作都造成了严重影响。

我国大学生肺活量水平较低,而且下降趋势明显。相比于乡村大学生,城市大学生的肺活量水平比较好一些。大学生肺活量水平的城乡差异与城乡大学生的身高差异、体重差异等有关,因为身高、体重等因素会影响肺活量水平。除了身高、体重外,日常活动与体育锻炼也会影响大学生的肺活量水平。大学生很少做体力活动,而且缺乏锻炼,所以会造成肺活量水平低。因此,大学生必须多参加一些体育锻炼,促进呼吸肌力量的提升与肺呼吸机能的增强,进而促进肺活量水平的提升和身体机能的改善。

第四节 大学生身体素质现状与问题

一、身体素质现状

身体素质是人体在运动时的中枢神经调节下,各器官系统功能的综合表现,主要包括力量、速度、耐力、柔韧、灵敏等素质。身体素质主要通过运动能力表现出来,对身体素质水平进行衡量,也要参考运动能力这一指标。提高运动能力能够增强体质,促进健康。下面主要从力量、速度、灵敏、耐力、柔韧这几项身体素质指标出发来分析大学生的身体素质现状。

第二章 大学生身心特征与体质健康问题分析

(一)力量素质现状

在力量素质的测试与评价中,经常采用的指标有立定跳远、仰卧起坐、引体向上等。其中立定跳远这项测试指标适用于男大学生和女大学生,引体向上测试指标适用于男大学生,仰卧起坐测试指标适用于女大学生。根据《国家学生体质健康标准》,大学生立定跳远、男生引体向上及女生1分钟仰卧起坐的成绩评定表见表2-6和表2-7。

表 2-6　大学生立定跳远评分表(单位:厘米)

等级	单项得分	男生 大一大二	男生 大三大四	女生 大一大二	女生 大三大四
优秀	100	273	275	207	208
优秀	95	268	270	201	202
优秀	90	263	265	195	196
良好	85	256	258	188	189
良好	80	248	250	181	182
及格	78	244	246	178	179
及格	76	240	242	175	176
及格	74	236	238	172	173
及格	72	232	234	169	170
及格	70	228	230	166	167
及格	68	224	226	163	164
及格	66	220	222	160	161
及格	64	216	218	157	158
及格	62	212	214	154	155
及格	60	208	210	151	152
不及格	50	203	205	146	147
不及格	40	198	200	141	142
不及格	30	193	195	136	137
不及格	20	188	190	131	132
不及格	10	183	185	126	127

表 2-7　大学生引体向上（1 分钟仰卧起坐）评分表（单位：次）

等级	单项得分	男生 引体向上 大一 大二	男生 引体向上 大三 大四	女生 仰卧起坐 大一 大二	女生 仰卧起坐 大三 大四
优秀	100	19	20	56	57
优秀	95	18	19	54	55
优秀	90	17	18	52	53
良好	85	16	17	49	50
良好	80	15	16	46	47
及格	78			44	45
及格	76	14	15	42	43
及格	74			40	41
及格	72	13	14	38	39
及格	70			36	37
及格	68	12	13	34	35
及格	66			32	33
及格	64	11	12	30	31
及格	62			28	29
及格	60	10	11	26	27
不及格	50	9	10	24	25
不及格	40	8	9	22	23
不及格	30	7	8	20	21
不及格	20	6	7	18	19
不及格	10	5	6	16	17

通过进行立定跳远测试，能够了解大学生的腰腹力量、腿部爆发力及其身体协调能力。受试学生的立定跳远成绩等级分布见表 2-8。从统计结果来看，成绩优秀的学生所占比例较少，男大学生的优秀比例尤其低，不及格的学生占较高的比例。

第二章 大学生身心特征与体质健康问题分析

表 2-8 受试学生立定跳远成绩等级分布①

		城市男大学生	乡村男大学生	城市女大学生	乡村女大学生
优秀	人数	57	43	82	51
	比例(%)	4.7	3.8	7.1	5.5
良好	人数	176	162	167	124
	比例(%)	14.6	14.3	14.5	13.6
及格	人数	785	762	811	663
	比例(%)	64.9	67.5	70.3	71.9
不及格	人数	191	162	92	83
	比例(%)	15.8	14.3	8.1	9.0

数据来源:"《国家学生体质健康标准》年度体质测试"2016年吉林省数据。

受试男生引体向上和受试女生1分钟仰卧起坐的成绩等级分布见表2-9。统计结果显示,引体向上测试中不及格的男生所占比例超过60%;等级为优秀、良好的学生所占比例非常少。可见男大学生上肢力量弱。仰卧起坐测试中80%以上的女生都是及格,等级为优秀和良好的学生所占比例非常少。

表 2-9 受试男生引体向上、女生仰卧起坐成绩等级分布②

		城市男大学生	乡村男大学生	城市女大学生	乡村女大学生
优秀	人数	39	44	32	30
	比例(%)	3.2	3.9	2.8	3.2
良好	人数	86	78	108	88
	比例(%)	7.1	6.8	9.4	9.5
及格	人数	331	316	937	750
	比例(%)	27.4	28.0	81.3	81.4
不及格	人数	753	691	75	53
	比例(%)	62.3	61.1	6.5	5.8

数据来源:"《国家学生体质健康标准》年度体质测试"2016年吉林省数据。

---

① 王祥全.我国大学生人口身体素质研究[D].吉林大学,2018.
② 同上.

(二)速度素质与灵敏素质现状

速度素质与灵敏素质是非常重要的身体素质,人体中枢神经系统的机能状态和神经与肌肉的调节机能主要从速度素质中体现出来,而人体完成动作的准确性、灵活性及协调性主要通过灵敏素质体现出来。对大学生的速度素质与灵敏素质进行评价时,可以选用 50 米跑这个测试指标。根据《国家学生体质健康标准》,大学生 50 米跑的成绩评分表见表 2-10。

受试学生 50 米跑成绩等级分布见表 2-11。统计结果显示,成绩等级为及格的学生所占比例最多,等级为良好和优秀的学生所占比例非常少,女生尤其如此。由此可见,大学生的速度与灵敏水平较低,还有待在体育锻炼中不断提高。

表 2-10 大学生 50 米跑成绩评分表(单位:秒)

等级	单项得分	男生 大一 大二	男生 大三 大四	女生 大一 大二	女生 大三 大四
优秀	100	6.7	6.6	7.5	7.4
优秀	95	6.8	6.7	7.6	7.5
优秀	90	6.9	6.8	7.7	7.6
良好	85	7.0	6.9	8.0	7.9
良好	80	7.1	7.0	8.3	8.2
及格	78	7.3	7.2	8.5	8.4
及格	76	7.5	7.4	8.7	8.6
及格	74	7.7	7.6	8.9	8.8
及格	72	7.9	7.8	9.1	9.0
及格	70	8.1	8.0	9.3	9.2
及格	68	8.3	8.2	9.5	9.4
及格	66	8.5	8.4	9.7	9.6
及格	64	8.7	8.6	9.9	9.8
及格	62	8.9	8.8	10.1	10.0
及格	60	9.1	9.0	10.3	10.2

第二章　大学生身心特征与体质健康问题分析

续表

等级	单项得分	男生 大一大二	男生 大三大四	女生 大一大二	女生 大三大四
不及格	50	9.3	9.2	10.5	10.4
	40	9.5	9.4	10.7	10.6
	30	9.7	9.6	10.9	10.8
	20	9.9	9.8	11.1	11.0
	10	10.1	10.0	11.3	11.2

表 2-11　受试学生 50 米跑成绩等级分布[①]

等级		城市男大学生	乡村男大学生	城市女大学生	乡村女大学生
优秀	人数	103	116	36	37
	比例(%)	8.5	10.3	3.1	3.9
良好	人数	170	165	111	97
	比例(%)	14.1	14.6	9.6	10.5
及格	人数	867	799	871	712
	比例(%)	71.7	70.8	75.6	77.3
不及格	人数	69	49	134	76
	比例(%)	5.7	4.3	11.6	8.3

数据来源:"《国家学生体质健康标准》年度体质测试"2016 年吉林省数据。

(三)耐力素质现状

人体肌肉长时间活动的能力及人体抗疲劳能力主要通过耐力素质反映出来。评价大学男生与女生耐力素质的测试指标分别是 1 000 米跑和 800 米跑。根据《国家学生体质健康标准》,大学生耐力跑的成绩评分表见表 2-12。

---

① 王祥全.我国大学生人口身体素质研究[D].吉林大学,2018.

表 2-12 大学生耐力跑成绩评分表（单位：分·秒）

等级	单项得分	男生 1 000 米 大一 大二	男生 1 000 米 大三 大四	女生 800 米 大一 大二	女生 800 米 大三 大四
优秀	100	3'17"	3'15"	3'18"	3'16"
优秀	95	3'22"	3'20"	3'24"	3'22"
优秀	90	3'27"	3'25"	3'30"	3'28"
良好	85	3'34"	3'32"	3'37"	3'35"
良好	80	3'42"	3'40"	3'44"	3'42"
及格	78	3'47"	3'45"	3'49"	3'47"
及格	76	3'52"	3'50"	3'54"	3'52"
及格	74	3'57"	3'55"	3'59"	3'57"
及格	72	4'02"	4'00"	4'04"	4'02"
及格	70	4'07"	4'05"	4'09"	4'07"
及格	68	4'12"	4'10"	4'14"	4'12"
及格	66	4'17"	4'15"	4'19"	4'17"
及格	64	4'22"	4'20"	4'24"	4'22"
及格	62	4'27"	4'25"	4'29"	4'27"
及格	60	4'32"	4'30"	4'34"	4'32"
不及格	50	4'52"	4'50"	4'44"	4'42"
不及格	40	5'12"	5'10"	4'54"	4'52"
不及格	30	5'32"	5'30"	5'04"	5'02"
不及格	20	5'52"	5'50"	5'14"	5'12"
不及格	10	6'12"	6'10"	5'24"	5'22"

受试学生耐力跑的成绩等级分布见表2-13。统计结果显示，成绩等级为及格的大学生所占比重最多，不及格的大学生不管是男生还是女生，都超过了20%；等级为优秀和良好的学生占比非常少，女大学生尤其少。

第二章 大学生身心特征与体质健康问题分析

表 2-13 受试男生 1000 米跑、女生 800 米跑的成绩等级分布[①]

等级		城市男大学生	乡村男大学生	城市女大学生	乡村女大学生
优秀	人数	44	48	26	31
	比例(%)	3.6	4.3	2.3	3.4
良好	人数	124	128	104	103
	比例(%)	10.3	11.3	9.0	12.2
及格	人数	712	657	746	596
	比例(%)	58.9	58.2	64.8	64.7
不及格	人数	329	296	276	191
	比例(%)	27.2	26.2	23.9	20.7

数据来源:"《国家学生体质健康标准》年度体质测试"2016 年吉林省数据。

(四)柔韧素质现状

人体在活动时各关节、肌肉以及韧带的伸展度和弹性大小主要从柔韧素质中体现出来。一般通过坐位体前屈测试来评价大学生的柔韧素质。根据《国家学生体质健康标准》,大学生坐位体前屈成绩评分表见表 2-14。

表 2-14 大学生坐位体前屈成绩评分表(单位:厘米)

等级	单项得分	男生 大一 大二	男生 大三 大四	女生 大一 大二	女生 大三 大四
优秀	100	24.9	25.1	25.8	26.3
	95	23.1	23.3	24.0	24.4
	90	21.3	21.5	22.2	22.4
良好	85	19.5	19.9	20.6	21.0
	80	17.7	18.2	19.0	19.5

---

① 王祥全. 我国大学生人口身体素质研究[D].吉林大学,2018.

续表

等级	单项得分	男生 大一大二	男生 大三大四	女生 大一大二	女生 大三大四
及格	78	16.3	16.8	17.7	18.2
	76	14.9	15.4	16.4	16.9
	74	13.5	14.0	15.1	15.6
	72	12.1	12.6	13.8	14.3
	70	10.7	11.2	12.5	13.0
	68	9.3	9.8	11.2	11.7
	66	7.9	8.4	9.9	10.4
	64	6.5	7.0	8.6	9.1
	62	5.1	5.6	7.3	7.8
	60	3.7	4.2	6.0	6.5
不及格	50	2.7	3.2	5.2	5.7
	40	1.7	2.2	4.4	4.9
	30	0.7	1.2	3.6	4.1
	20	−0.3	0.2	2.8	3.3
	10	−1.3	−0.8	2.0	2.5

受试学生坐位体前屈的成绩等级分布见表2-15。统计结果显示,女生的成绩比男生好,从不及格学生所占的比例来看,男生比女生多,从优秀学生所占的比例来看,女生比男生多。不管男生还是女生,成绩等级为及格的学生占多数,均超过一半。

表2-15 受试学生坐位体前屈成绩等级分布①

		城市男大学生	乡村男大学生	城市女大学生	乡村女大学生
优秀	人数	180	163	175	171
	比例(%)	14.9	14.4	15.2	18.5

① 王祥全.我国大学生人口身体素质研究[D].吉林大学,2018.

第二章 大学生身心特征与体质健康问题分析

续表

		城市男大学生	乡村男大学生	城市女大学生	乡村女大学生
良好	人数	155	155	337	269
	比例(%)	12.8	13.8	29.3	29.2
及格	人数	816	756	626	475
	比例(%)	67.5	66.9	54.3	51.6
不及格	人数	58	55	14	6
	比例(%)	4.8	4.9	1.2	0.7

数据来源："《国家学生体质健康标准》年度体质测试"2016年吉林省数据。

二、身体素质的问题

大学生身体素质逐步下降，下降最明显的是力量、速度和耐力，这是我国大学生身体素质方面的主要问题。

力量素质是其他身体素质的基础，对其他身体素质的发展具有重要影响。但当前我国大学生的力量素质水平较低，还需要不断加强力量练习。

大学生的速度素质近年来也呈现出明显的下降趋势，女生下降幅度比男生大，男生下降平稳。速度素质的下降对大学生的身体素质及学习运动技能造成了严重影响。

大学生的耐力素质水平整体较低，这一方面反映了大学生身体素质较差的问题；另一方面也体现出大学生意志力不够顽强，缺乏吃苦耐劳的精神。因此，还需在运动锻炼中进一步锻炼耐力素质与心理品质。

第五节　影响大学生体质健康的主要因素

人口素质与社会文明程度、社会经济发展的关系密切，人口素质在一定程度上随着社会文明程度的提高而提高。人口素质包括人口身体素质,社会经济发展直接影响人口身体素质。随着我国社会经济发展速度的加快,人民群众的生活水平有了显著提升,在这一社会背景下,我国人民群众的素质整体上较之前有了一定的改善,但身体素质方面还是存在很多问题,大学生群体也是如此。导致大学生身体素质下降的因素有很多,只有弄清楚是什么因素造成了这样的结果,才能更有针对性地解决大学生体质问题,更有效地提高大学生的身体素质水平。

下面具体分析影响大学生体质健康的主要因素。

一、学校因素

(一)过分重视智育

我国各级院校都普遍存在过分重视智育的现象。我国选拔与任用人才,离不开一层一层的考试,因此,教师非常关注学生的考试成绩,家长也非常关心自己的孩子能否通过考出好成绩来赢得好前途。现在我国还有很多学校划分实验班与普通班,划分标准就是学生的考试成绩。学生有没有机会接受高等教育,主要靠自己的成绩决定。另外,高校也根据学生的考试成绩而发放奖学金,甚至连发放助学金都是以此为参考。大学生毕业后走向工作岗位,也要经历很多考试,考试伴随着人的一生。

素质教育理念倡导不要将考试成绩作为评价学生的唯一标准,提倡学校大力培养学生的综合素质,善于发现学生的闪光点。但如何衡量学生的综合素质与突出优势,目前还缺乏可量化的评价指标,这也是素质教育在很多学校只是一句口号而没有具体落实的一个主要原因。学校对智能教育过分重视,希望学生每次都能考出好成绩,为将来创造更多的发展机会,因此学生承担的学习压力非常大。大学生长期处于繁重的压力下,身体与心理难免会出现一些问题,身心健康受到严重威胁。

第二章　大学生身心特征与体质健康问题分析

(二)缺乏优秀的专业队伍

健康教育在高校开展的时间还比较短,而且健康教育体系不够成熟,教育过程中问题重重,如缺少专职教师就是其中一个重大问题。正因为高校健康教育专职教师少,所以对学生的引导与教育效果十分有限。我国高校健康教育方面的从业人员不仅数量少,而且质量也比较低,有些从业人员只是兼职,不能全身心地投入到对学生的健康教育中。此外,高校健康教育主要采取的"大课堂教育模式",缺乏丰富多彩的个性化教育模式。

在高校教育中,辅导员以及健康教育专业教师是影响大学生身心健康的重要人员。高校辅导员有些是专业教师兼职,有些是从本校毕业并选择留校的研究生,还有一些是被返聘的退休教师。不管是哪类辅导员,都缺乏一定的稳定性,而且他们的健康教育意识薄弱,对健康教育工作缺乏全面而深刻的认识,因此在教育大学生方面具有局限性。健康教育专业教师对健康教育工作的认识相对全面与深刻一些,但也有一部分教师对身心健康教育知识与技能的掌握不够全面,而且采用的教育模式单一,以灌输式教育为主,不注重对多元化教育模式的探索与运用。再加上高校不注重对健康教育专业教师的培训,教师也不注重自我提升与发展,所以他们在健康教育工作中难以真正吸引学生,深入学生内心,解决学生的健康问题也是力不从心,达不到理想效果。

鉴于高校缺乏优秀专业师资队伍的现状,可见培养一批专门服务于大学生身心健康的专业教师非常必要,如果不把这个工作落实,那么大学生身心健康问题依然得不到解决,高校健康教育水平始终得不到提升。

(三)忽视与家庭和社会的协作

学校教育、家庭教育以及社会教育都会影响大学生身心健康。在大学生的成长中,家长扮演的角色和发挥的作用至关重要,家长应将孩子的健康教育重视起来。高校应适当拓展与延伸学校健康教育,鼓励家庭与社区参与,和家长、社会有关部门保持充分的沟通,建立良好的合作关系,共同落实健康教育工作,促进大学生身心健康水平的提高。但现实是,学校陷入"单独战斗"的局面,没有将家庭力量、社会力量引进学校健康教育中,学校健康教育缺乏家长与社会的支持,因此在工作中举步维艰,困难重重,最终导致健康教育质量提不上去,学生健康水平也停滞不前。

二、家庭因素

(一)家庭教育的影响

家庭是社会的一个重要组成部分,也是健康教育的重要场所,大学生身心的发展直接受家庭的影响。但是,有的家长为了让孩子在高考中取得好成绩,考上理想大学,将应试教育的模式搬到家庭教育中来,对智力教育过分关注,而对身心健康教育及体育教育则不够重视,有的家长过分溺爱孩子,有的家长又对孩子放任不管。总之,这些教育方法对学生的身心发育及健康成长都是不利的,这也是高校大学生身心健康问题突出的一个主要原因。

在一个家庭中,孩子的成长发育受父母综合素质的影响,这种影响既是直接的,也是终生的。家长的思想、行为会潜移默化地影响孩子,父母只有不断提升自身素质,积极主动地学习新知识,及时更新意识与理念,和社会时刻保持接轨,才能更好地促进下一代身心健康发展。品德高尚、心态平和的家长往往可以将各种复杂的人际关系处理好,这些家长教育出来的孩子往往也不会差。在高素质的家庭中成长起来的孩子,其发展会更全面、均衡,身心健康问题比较少,而且社会适应能力比较强。当父母综合素质差时,一些大学生就已经在起跑线上落后了,他们身心健康问题的产生与此有很大的关系。此外,家长与大学生是相互影响的,品质优秀的大学生也能给家长的思想与行为带来积极的影响。总之,家长与大学生要不断提升自身素质,积极影响对方,并从对方身上学习优点,共同成长、共同进步,构建健康和谐的家庭环境。

(二)家庭环境的影响

每个人的成长与发展都受到各种环境因素的影响,其中家庭环境的影响非常大。家庭环境对个人成长和发展的影响可以说是"润物细无声",而且这种影响的程度难以估量。一般来说,在良好家庭环境下成长起来的学生往往更健康,不管是身体健康、心理健康,还是社会适应性方面都是如此。反之,如果家庭环境恶劣,那么学生很难健康成长。

对此,对于孩子的健康成长尤其是心理健康,家长一定要格外重视,要努力为孩子营造和谐温馨的家庭环境,让这种良好的家庭环境给孩子带来积极正面且持久的影响,使孩子考入大学后能够更顺利地适应大学生活,以积极的心态愉快地投入大学学习与生活。如果父母关系紧张,孩子成长中就会不断出现很多身心方面的健康问题,这些问题如果不能及时解决就会愈演愈烈,很多大学生的身心健康问题都是以前的遗留问题,只是现在更严重了。

三、社会因素

(一)市场经济的影响

随着改革开放政策在经济领域的不断渗透,我国市场经济体制也日渐成熟,社会生活方式在市场经济的影响下发生了翻天覆地的变化。市场经济发展的同时也在很大程度上影响了大学生的价值取向。

新经济体制的出现意味着旧经济体制的瓦解,而在旧经济体制下形成的社会价值体系也必然面临着重组或调整的命运。随着社会价值体系的调整,一些人产生了利益至上的观念,这个观念也影响了当代很多大学生;西方国家倡导的个性解放等价值观念也深深影响了我国大学生群体;还有一些大学生崇尚务实理念,为了达成个人理想而孜孜不倦地学习;社会就业的残酷现实让大学生更加脚踏实地地学习知识与技能,大学生深深认识到唯有不断提升自己,才能在充满竞争的社会上立足;有些大学生的人格表现出明显的二重性,这也与市场经济及社会发展有一定的关系。① 学习和积累科学知识是大学生的主要学习任务,大学生学习与掌握丰富的科学理论知识,可以更加系统与全面地了解社会的正面属性。而因为社会竞争非常激烈、残酷,大学生面临的社会环境比较恶劣,再加上书本知识与社会实际不符,大学生便会产生心理落差,缺乏社会阅历与社会生活经验的大学生难以调节这种反差,所以就出现了二重人格,这是需要社会关注的一个问题。

大学生在竞争激烈的社会中,唯有不断学习知识,充实自己,提高自己的技能,并抓住机遇,能通过合理途径获取一些成本,才有在社会竞争中战胜他人的可能。才能的形成是以知识为基础的,所以对大学生来说学习知识还是最为重要的。大学生想在社会竞争中脱颖而出,其实就是想实现自我价值,完成自己的理想,这也是激励大学生不断进步的重要动力,只有想在竞争中获胜的大学生才会为了自己的目标而不断拼搏、努力。而且,竞争也同样存在于大学校园中,学生主要面临的是学习和就业方面的激烈竞争。总之,社会竞争的一系列附属物出现在大学生群体的生活中,给其身心健康发展带来正面或负面的影响。

(二)贫富差距的影响

在社会发展历程中,贫富差距一直都是一个广受社会关注和

---

① 王海菲.当代大学生身心健康问题研究[D].西安工业大学,2015.

第二章 大学生身心特征与体质健康问题分析

经常被人们讨论的热门话题。改革开放以来,一部分人率先抓住了这个机遇,成功摆脱了贫穷,进入富人行列,富人与穷人的两极分化日趋严重。在这个社会背景下,高校也受到了一定的影响,大学生身心健康问题的产生一定程度上是由贫富差距诱发的。一些大学生家庭条件优越,吃穿不愁,甚至也不用为将来的工作担忧,毕业后就会被父母安排工作,有稳定的收入;一些大学生家庭条件差,平时省吃俭用,唯有靠自己努力学习才能找到比较好的工作,才能摆脱贫穷。另外,大学校园还存在攀比之风,以及歧视贫困生的现象。贫困生本身就生活拮据,压力巨大,再加上被歧视,与同学关系紧张,所以引发了诸多心理问题,严重影响了其身心健康发展。

(三) 文化冲突的影响

身心健康发展可以从人格健康中体现出来。文化哺育是人格形成与不断完善的基础。不同的文化之间存在一定的差异,在不同文化影响下的人也会形成不同类型的人格,每个时代的人的人格及身心发展中都有当时的印记。我国传统道德文化的发展历史也是我国人民人格塑造与演变的历史,人格是历史文化与社会文化发展的产物。

在全球化进程不断加快和我国市场经济体制日趋完善的今天,人们的思维观念、生活方式等都发生了显著的变化,现代社会文化强烈冲击着传统道德规范。当代大学生是在比较复杂的环境中成长起来的,他们面临着多元化的社会关系,也受到多元化价值观念的影响,不同的文化有时会给他们带来矛盾,如在汲取中国传统文化营养成分的同时受到西方文化的冲击。面对丰富而复杂的社会文化及社会环境,大学生的人格类型也越来越多样化和复杂化,而且因为中小学人格教育严重缺失,导致学生步入大学后缺乏健全的自我机能,无法有机协调主体自我和客观自我,这就造成了双重人格的形成。双重人格使大学生在社会认识、心理及行为上都存在一些矛盾,如积极认识与消极认识的矛盾等,这些都对大学生的身心健康有一定影响。

四、个人因素

(一)生理因素的影响

进入青春后期的大学生身心发育处于重要阶段,第二性征越来越突出。大学生受传统思想影响颇深,对人体正常生理结构缺乏正确认识,一些不良心理问题也随之而出现,如担忧、烦躁等。心理问题得不到及时解决就会演变为心理疾病,这对大学生的身心健康发展及学习都造成了严重影响。

大学生生理发育基本成熟,产生了与异性交往的情感与欲望,并会通过一些行动来达到这个目的。但大学生的自我独立性不强,心理成熟度较低,在恋爱中容易受到一些问题的困扰,难以妥善处理问题,这又会引发新的身心健康问题。

(二)心理因素的影响

大学生缺乏社会经验,所以在自我评价中不够客观、全面与合理。他们有时觉得自己已经是成熟的大人了,很多事情都可以独当一面,独立应对与解决,有时又觉得自己还是不成熟的孩子,无法单独处理好一些事,这会引起一些心理问题。

大学生的思考能力和行动能力不断提高,面对一些事情会发表自己的见解与观点,而不是人云亦云,同时他们还希望同学和教师可以认可他们的观点。但受传统教育体制的影响,大学生自由发表观点和见解的机会并不多,也没有机会被他人认可与赞同,所以在学习中会产生一些心理问题。

很多大学生的恋爱观都不太成熟,他们期待美好的爱情,却总是被残酷的现实所折磨,失恋对大学生的打击非常大,很多大学生甚至会做出过激行为,严重损害身心健康。对此,高校应加强这方面的辅导与教育,使大学生能够正确对待爱情中的得

第二章　大学生身心特征与体质健康问题分析

与失。

此外,就业也会给大学生带来压力,承受巨大压力的大学生难免会出现健康问题。

总之,当代大学生面临很多身心健康问题,而且自我解决问题的意识薄弱,解决问题的能力不足,需要高校有关人员加强健康教育,保障大学生身心健康发展。

第三章　大学生体质健康管理的理论体系

近年来,我国大学生体质健康状况不容乐观,体育强国建设又对大学生的身心素质提出了新的要求,这就需要深入改革传统的健康教育理念和管理模式,并从大学生身心发展特点及体质现状出发科学构建可操作性强的体质健康管理体系。本章主要就大学生体质健康管理的理论体系展开研究,在简要阐述健康管理基本理论的基础上系统研究大学生体质健康管理的内容与方法、模式与程序以及服务体系,以期为构建科学合理的大学生体质健康管理体系提供指导。

第一节　健康管理的基本理论

一、健康管理的概念

学术界对健康管理概念的界定还未达成一致,下面阐述几种具有代表性的观点。

第一,健康管理指的是全面管理所有危害个人及群体健康的危险因素及其他相关因素的系统过程。

第二,健康管理是全面监测、分析与评价各种危害个人及群体健康的危险因素并及时预防和干预的过程。

第三,健康管理是健康服务的一种,指的是对个体健康状况进行客观而全面的评价,并根据个人健康状况给予健康指导,以

第三章　大学生体质健康管理的理论体系

改善其体质,使其保持健康的过程。

第四,健康管理是全面监测、分析及评估个体和群体的健康状况,并有针对性地提供健康服务(健康咨询和健康指导),及时预防健康危险因素的整个过程。

综合以上几种观点,这里将健康管理的概念表述为"健康管理是对个人及群体的健康危险因素进行全面管理的过程。它是建立在个人健康档案基础上的个性化健康服务,是借助现代生物医学和信息化管理技术的模式而从生物、心理以及社会的角度给人提供全方位的健康保健服务,以协助人们有效维护自身健康"[①]。

二、健康管理的宗旨与目的

(一)健康管理的宗旨

将个体、群体以及社会的积极性充分调动起来,将现有的资源充分利用起来,以实现健康效果的最大化,这就是健康管理的宗旨。

(二)健康管理的目的

向个人及群体传授健康管理的方法,使其学会监测、分析与评估自身健康状况,并能及时预防与干预,以维持健康,这就是健康管理的主要目的。为了达到这一目的,要有针对性地将健康信息提供给个体和群体,并根据不同管理对象的实际情况而采取切实可行的方法来改善他们的体质。

三、健康管理的特点

健康管理的特点主要表现在以下几方面:

---

① 殷洁淼.江南大学学生体质健康管理研究[D].湖南大学,2014.

（一）以标准化为基础

健康管理的整个过程涉及大量的健康信息,科学、准确及可靠的健康信息是建立在标准化基础上的,如果不具备这一基础,信息的科学性、准确性及可靠性就得不到保障。

（二）以量化为试金石

量化指标是健康管理中必不可少的因素之一,那些经得起科学检验与实践检验的指标因素往往具有可量化性。

（三）以系统化为关键

在健康管理服务中,有必要对健康信息支持系统进行构建,并保证该系统的安全性、稳定性以及高效性,如此才能及时向个体或群体提供科学、可靠的信息。

第二节 大学生体质健康管理的内容与方法

一、大学生体质健康管理的概念

大学生体质健康管理指的是高校在开展健康教育工作的过程中全面监测、分析与评估大学生的体质健康状况,并进行科学干预,以期提高大学生自我健康管理能力、使其维持健康的系统过程。

高校开展健康教育工作,对大学生进行健康管理,不仅是为了解决其健康问题,提高其体质健康水平,也是为了使其掌握健康管理的方法,能够客观合理地评价自己的健康状况,从自身体质状况出发制定科学有效的干预计划,从而在自我健康管理中达到理想的效果。

第三章　大学生体质健康管理的理论体系

大学生虽然身心发展基本成熟,但与社会阅历丰富的成年人相比,他们的生理和心理能力还是不够强。受这方面的限制,大学生无法全面而深入地认识体质健康管理及其重要性,因此需要学校、家长及社会共同努力,才能有效推动大学生体质健康管理的顺利进行。

在大学生体质健康管理中,要将学生、家长、学校乃至社会相关部门的积极性都充分调动起来,并充分利用各种显性与隐性资源来提高健康管理的效果,使大学生长期维持良好的健康状态。

二、大学生体质健康管理的内容

大学生的体质健康管理意识普遍比较薄弱,而且一些大学生因为学业与就业压力比较大,形成了抽烟、喝酒、沉迷游戏等不良生活习惯,如果不及时对这些大学生进行正确引导与科学指导,将会对他们以后的生活造成严重影响。高校应结合大学生的身心发展特征及规律有针对性地进行体质健康管理。具体涉及以下几方面的工作:

(一)收集健康信息

对在校大学生的健康相关信息进行收集,包括身体健康信息、心理健康信息以及生活方式信息等,基于这些信息对大学生体质健康档案进行建立。档案内容主要包括学生基本信息、体检情况、体质测试成绩、心理测试成绩等,参考学生的体质健康档案,能够更好地评价与干预学生的体质健康。在完善学生体质健康档案时,让学生自己填写个人基本信息,体质测试与心理测试分别参考《国家学生体质健康标准》和相关的心率健康测试表,健康体检由校医院负责。

(二)加强健康教育与管理

高校在"健康第一"教育理念的指导下,切实加强对大学生的健康教育与健康管理,如开展健康知识讲座、发放健康指导用书、引导合理膳食、提供心理咨询服务、普及健康生活方式等,通过落实这些具体工作来对大学生的自我健康管理意识、健康管理能力及终身体育锻炼习惯进行培养。

(三)开展体质健康测试

《国家学生体质健康标准》提出了较为完善的学生体质健康测试与评价体系,主要从身体形态测评、身体机能测评、身体素质测评等方面予以落实。各级各类学校应积极响应号召,落实政策,定期监测学生的体质健康情况,不能虚报测试结果,也不能敷衍了事。体测结束后要将测试结果及相关信息详细记录在学生体质健康档案中,以便为实施健康干预提供参考。

(四)预测与评估危害体质健康的因素

健康管理专家或体育教师全面分析与评估学生体质健康状况,及时发现对学生健康有危害的因素,同时也要科学预测哪些因素可能会给学生的健康带来不好的影响,做好预防工作,为后面的干预管理减轻负担。运动锻炼是改善学生体质、提高学生健康水平的最佳手段,体育教师应从学生的身心健康情况及兴趣爱好出发为其设计具有针对性和个性化的科学运动处方。

(五)实施体质健康干预

健康管理专家或体育教师应将体育与健康、体质健康、运动处方等相关理论知识传授给学生,使学生对这些知识有科学认知。体育教师要指导学生独立制定适合自己的运动处方,并鼓励与监督学生严格按照运动处方进行锻炼,此外还应定期对其锻炼效果进行评价,检验运动处方的科学性与实用性;同时,在这个过程中还要观察运动处方中是否有不利于学生健康的因素,从而及时消除隐患,对运动处方进行合理调整,促进学生锻炼效果和体质健康水平的提高。

第三章　大学生体质健康管理的理论体系

三、大学生体质健康管理的方法

（一）评估体质健康信息

身体形态、身体机能以及身体素质是体质测试的三大内容，具体涉及很多测试指标，对大学生体质健康的测试主要以《国家学生体质健康标准》为参考。

（二）研制体质健康管理软件

大学生健康管理工程具有系统性、复杂性，涉及的部门及人员非常多，工作人员要处理大量测试数据，工作负担较重。为了实施科学化、规范化及现代化的健康管理，提高信息收集与数据统计的准确性与高效性，同时解决相关工作人员的负担问题，有关部门应重视对大学生体质健康管理软件的研制与运用。在研制这类软件时，要对软件的以下功能加以考虑。

1. 数据管理功能

这项功能主要是管理学生的健康档案和体质测试成绩，包括录入数据（手工或机器录入）、修改数据、删除数据等。

2. 统计分析功能

这项功能主要是统计与评价学生的健康测试数据和测试成绩。由于统计项目较为齐全，文字与图片交融，能够将学生的体质健康情况充分反映出来。对大学生的体质健康状况进行客观评价及对不同性别及年龄的学生的体质情况进行对比分析时，可充分发挥健康管理软件这一功能的优势。管理部门也能通过该功能而对大学生的体质健康水平有整体的了解与把握，从而为相关管理政策的制定与实施提供重要的参考依据。

3. 评分功能

在软件中录入或导入学生的测试成绩后,软件可以自动评分与评价,并能对学生的体质健康现状进行客观的分析与解读,为学生进行健身锻炼提供科学指导。

4. 安全保护功能

在大学生体质健康管理软件的研制中,安全保护性能是必须考虑的一个要素,为了使系统和数据的安全性有所保障,应明确不同管理层的不同操作权限,系统能够以不同的权限为依据而提供不同的操作功能。

5. 系统维护功能

学生健康信息、健康测试数据及测试成绩等资料非常宝贵,所以要利用健康管理软件的系统维护功能来保存这些资料,以便于统计分析和以后的查询。

(三)合理选用体质健康干预方法

在客观评价大学生体质健康信息的基础上进行健康等级划分,主要分为健康状态、亚健康状态和疾病状态三个等级。大学生可以进入校园网按学号对自己的体质健康测试结果及健康等级进行查询。高校在实施体质健康干预时,要考虑干预对象的健康状况,针对不同健康等级的学生采取不同的方法进行干预。

对于健康的学生,要做好预防工作,使其长期保持健康状态;对于亚健康的学生,要及时干预,通过体育教育、健康教育、提供心理咨询等方法进行健康指导,以免其从亚健康状态进入疾病状态;有些学生患有某种疾病而不自知,学校要注意保护这些学生

第三章 大学生体质健康管理的理论体系

的隐私,单独通知这些学生及时去医院就诊。[①]

(四)组建健康管理机构、设置管理人员

学生体质健康管理机构的组建及相关管理人员的设置与安排主要包括以下内容:

1. 主管领导

通常由分管学生工作的校长或院长担任主管领导职务。主管领导应对学生体质健康管理的内容及方法有一定的了解,要具有良好的决策能力,要相信通过各部门工作人员的努力可以达到预期效果,要对各部门的工作予以支持。

具体来说,主管领导的职责主要包括以下几方面:
第一,对健康管理工作计划及资金预算进行审核。
第二,听取各部门的工作进展报告。
第三,对各部门提供政策支持
第四,与各部门共同研究解决健康管理工作中遇到的难题。

2. 执行机构

学生体质健康管理的执行机构主要指的是学生体质健康管理中心,该机构主要负责健康管理计划的具体操作事宜,按照计划有序开展工作,以期实现预期目标。学校可以单独设立这个执行机构,也可以由学生体质健康研究所(室)兼任。执行机构要定期向主管领导汇报计划的执行情况,包括工作进度、取得的成绩以及遇到的问题等。对于主管领导提出的意见,执行机构要认真听取;对于主管领导提出的政策,执行机构要认真落实。

3. 部门合作

大学生体质健康管理离不开学校体育部门、医务部门等多个

---

① 叶蓁,倪铭.高校学生体质健康管理方法研究[J].西部素质教育,2016,2(05):47.

部门的共同参与及部门之间的相互合作,如在医务部门对大学生体质健康信息进行收集时,体育部门可以向医务部门提供大学生体质测试的相关信息,这样能避免一些工作的重复开展,避免物力、财力及人力等各种资源的浪费。

(五)制定健康管理政策

大学生体质健康管理工作的开展离不开学校相关部门的经费支持、设施支持以及政策支持等,其中政策支持至关重要。学校有关部门的政策支持能够从很大程度上保证健康管理活动的顺利开展,保证学校健康资源的充分利用。

大学生体质健康管理政策主要涉及以下几方面的内容:
(1)关于健康筛查的政策。
(2)关于健康管理费用的政策。
(3)关于学校资源分配的政策。
(4)关于急救的政策和规定。
(5)关于应对自然灾害或其他突发事件的安全计划等。

第三节 大学生体质健康管理的模式与程序

一、大学生体质健康管理的模式

在大学生体质健康管理中,要搞好学校教育工作,加强组织建设,提供政策保障,同时要优化学校卫生服务,通过各方面的努力让大学生掌握体质健康知识与自我保健技能,树立科学的健康理念,养成积极健康的生活习惯。为了达到这一目标,有必要构建与完善大学生体质健管理的模式。

大学生体质健康管理模式包括四个方面,分别是计划、组织、监控和评价,下面逐一进行分析。

第三章　大学生体质健康管理的理论体系

（一）计划

1. 制定合理、有效的制度

学校体育工作的开展要以相关法律制度为依据，如《中华人民共和国体育法》《中华人民共和国教育法》以及《国家学生体质健康标准》等，这些法律能够从不同角度为学校体育工作的开展提供方向与指引。但因为体育教育和学生体质健康长期得不到重视，而且有关部门对此监管不力，导致高校大学生体质测试结果与预期效果相差甚远，很多学校的体质测试都是走过场，注重表面工作而不注重实际效果。

高校要想有机融合体育教育与健康教育，就要将国家相关政策和法律规定真正落到实处。高校要转变对体育教育的认识与态度，重新审视体育教育在高校教育中的地位及重要性，努力将体育教育与健康教育结合起来，在"终身体育"与"终身教育"思想的指导下对符合大学生体质健康现状以及有助于提高大学生体质健康水平的制度进行科学制定。在制定健康促进制度的过程中需注意以下两点：

第一，将体质健康促进纳入高校人才培养方案中，顺应社会发展的新形势而培养健康的多元化人才和新型人才。

第二，鼓励大学生从自身兴趣爱好出发选择体育锻炼项目，为大学生的体育锻炼提供丰富的选择、自由的空间以及宽松的氛围，使大学生通过锻炼达到全面健康，实现自我价值。

2. 课内外互动教学模式的构建

体质健康教育不但能够促进学生体质健康水平的提高，还能促进学生运动能力的增强。现在，大学生都在追求全方位的健康，追求各方面的协调发展，而体育教学在促进大学生全面健康及协调发展方面发挥着至关重要的作用。但因为资金、场地、课时等各方面因素的限制，大学生无法在体育学习中达到健康的全面化、协调化。因此,这就需要发挥课外体育的作用,将课堂教学与课外活动有机结合起来,构建课内外一体化的教学模式,使大学生的个性需求得到最大化的满足。

构建课内外一体化教学模式需注意以下几点:

第一,在体育考核体系中纳入课外体育活动的内容,扩充考核项目,除了课堂教学内容外,还包括学生在课余时间自由参与的运动、运动训练的表现以及在体育比赛中取得的成绩等,从课堂教学到课后活动都要贯穿体质健康教育管理。

第二,在课堂教学中灌输体育常识,传授运动技能,提高学生的体育知识素养与运动能力,使学生在课外体育活动中能够充分运用所学知识与技能,这就进一步加强了课内教学与课外活动的互动。

第三,鼓励学生参加体育社团或俱乐部活动,培养学生对体育的兴趣,使学生在参与体育活动的过程中形成健康意识,进而实现真正的内化教育。

3. 实现个性化体育教学

不同的学生在体质上存在个体差异,因此在体质健康管理中,既要满足学生的普遍需求,又要尊重个体差异,满足学生的个体需求。高校体育教学内容丰富多彩,应根据不同体质水平的学生实施不同的教学内容,如此才能使学生的个性化需求得到满足。具体从以下几方面落实:

(1)对于在体质测试中取得好成绩的学生,重点开展短跑等无氧运动和俯卧撑、仰卧起坐等增肌项目。

(2)对于体质测试成绩虽达标但不够优秀的学生,重点开展慢跑、有氧健身操等有氧运动,促进心肺功能的增强和改善。

(3)对于体质测试成绩没有达标的学生,重点开展太极拳、瑜伽等强调形、神、意、气相统一的项目,此外这些学生还要多做一些伸展和平衡练习。

第三章 大学生体质健康管理的理论体系

(二)组织

1. 明确学校的主体作用

营造有利于健康的支持环境是大学生体质健康管理的重要环节之一。这里的支持环境包括学校、家庭、社会,其中学校环境是最主要的。学校要从以下几方面发挥自身的主体作用:

第一,学校大力宣传与普及体质健康知识,吸引学生的注意力,引导学生树立科学的健康观,形成健康的生活方式。

第二,学校充分利用现有体育资源及深入开发潜在资源,从而为学生参与课外活动提供良好的条件,学校也要大力支持学生创办体育社团或体育俱乐部。

第三,学校体育教师积极转变教学观念,参加继续教育或相关培训,不断充实与完善自己。体育教师也要发挥创造性、研发新项目,学校要奖励有突出贡献的教师。

2. 发挥家庭和社会的作用

学校体质健康是一个社会问题,除了学校要发挥主导作用外,家庭与社会(社区、媒体等)也要发挥自身的作用,协助学校共同进行体质健康管理。

第一,家长要对学生的体质健康多多关注,营造良好的家庭环境与氛围来促进学生健康成长。

第二,社区开展形式多样、内容丰富的体育活动,鼓励大学生参与;社区免费向大学生提供体育场馆与设施资源,为大学生参与体育活动提供便利。

第三,发挥现代媒体的作用,对健康常识及健康生活方式进行广泛宣传。

3. 营造"终身体育"的软硬环境

在高校体育教育中加强健康管理,使学生学习健康知识,树立健康理念，形成健康行为习惯。学校也要营造良好的软硬环境，切实贯彻"终身体育"理念。

第一，加强学校体育场馆设施建设和体育文化建设，激发学生参与体育锻炼的积极性，满足学生参与体育运动的共性需求与个性化需求。开辟多元健康宣传渠道，及时发布健康新资讯，营造积极向上的校园文化氛围。

第二，政府、社会应关注与重视学生体质健康，通过开展丰富多彩的社会体育活动来营造全民健身氛围，带动大学生参与体育锻炼的积极性，将终身体育的理念同时贯彻到学校体育、社会体育中。

4. 提高卫生服务质量

在大学生体质健康管理中，要对大学生的体质指标、体质检查、饮食安全、运动卫生等多方面因素进行综合考虑。现阶段，卫生服务在高校还未受到重视，仅仅依赖学校的医疗资源而进行健康干预和治疗疾病还远远不够，高校卫生服务质量的改善与提高需要各级卫生行政部门、医疗机构、社区医院、保健站等共同参与、协同配合。

第一，高校举办医学保健讲座，邀请社区保健站或医疗机构的医务人员来校普及医学保健知识和基础技能。

第二，高校为大学生定期安排体检，注重体质指标的检查。

第三，高校邀请营养师或医学专业人士对学生进行健康饮食指导和卫生指导，使学生养成良好的饮食与卫生习惯。

(三) 监控

1. 大学生体质健康监控制度的完善

大学生体质健康管理是一项系统而复杂的工程，对这项工程的实施进行严格监控非常必要，它能够为大学生体质健康管理模式的良性运行提供重要保障。

第三章 大学生体质健康管理的理论体系

完善大学生体质健康监控制度需从以下几方面出发：

第一，严格监控体育与健康课程的教学情况，建设监督制度，提高教学质量。

第二，完善体育教学考核制度，将学生体质测试指标纳入其中，通过考核及时发现学生的体质问题，切实解决问题，使学生以良好的身心状态投入到体育学习中。

第三，将学生体质测试指标进一步细化，定期对学生体质情况进行监测，根据监测结果实施针对性干预。

第四，教育部门与卫生部门共同建立巡查制度，各部门履行好自己的职责，落实学校卫生管理工作。

2.建立多维监控模式

大学生体质健康促进目标要求建立多维度的监控模式，这也是对大学生体质健康进行全面管理的要求。多维度的监控包括家庭监控、学校监控以及社会监控，这些监控主体要相互协调配合。在多维监控中，学校监控发挥主要作用，以学校为中心向家庭、社区辐射与延伸，使大学生体质健康监控成为全社会的自觉行动，形成全社会广泛参与、全面监督、实时反馈的良性管理机制。[①]

3.培养大学生的自我监控意识

大学生对自身体质健康的监控首先要从参加体育锻炼和接受健康教育入手，这也是大学生提高自身体质健康水平的重要途径。

第一，培养大学生的自我监控意识，让大学生对自己的健康负责。学校要继续宣传体质健康促进的相关知识与资讯，创建健康向上的体育文化氛围，将危害大学生健康的各种不利因素及时

---

① 田甜，古博文.大学生体质健康管理模式[J].中国学校卫生，2017，38(09):1285-1287.

扼杀在摇篮里,做好预防工作。

第二,鼓励大学生学习健康知识与保健技能,促进大学生健康认知水平的提高和自我保健能力的增强,引导大学生改正不良饮食与卫生习惯,形成健康的生活方式。

4. 规范体质测试

体质测试主要是对学生的身体形态、身体机能及身体素质进行检测,通过体质测试为大学生制定具有针对性的健康干预处方,以提高健康管理效果。目前来看,需要从以下几方面对大学生体质测试进行规范与完善:

首先,在开始测试前,教师提醒学生做好充分的身体与心理准备,在身体素质测试前尤其要注意做好热身准备。

其次,对体质测试中所需器械设备进行检修,确保安全、准确,为体质测试的顺利开展提供基础保障。

再次,完善体质测试指标,按要求开展测试工作,按照统一的标准进行评判。

最后,严格把控大学生体质考核机制,避免漏考、替考等现象的发生。

(四)评价

1. 加强信息化建设

现代社会是信息化社会,高速、便捷是信息化社会的主要特征,这也应该从大学生体质健康管理中体现出来。高速而便捷的体质健康管理离不开大量数据和信息的支持。现阶段,我国大学生体质健康管理普遍存在缺乏资金、缺乏专业人员、网络体系不健全等问题,远远没有达到信息化和现代化水平,这直接制约了大学生体质健康管理质量的改善。在大学生体质健康管理中加强信息化建设至关重要,这是提高体质健康管理效率和质量的重要路径。加强网络信息化建设需从以下两方面着手:

第三章　大学生体质健康管理的理论体系

第一,广开渠道,为学校之间、学校与社会之间的信息传递提供便利,实施动态监测,实现资源共享。

第二,利用计算机网络实时监控,及时反馈,构建全面、动态的监控体系。

2.建立体质健康评价指标

大学生体质健康评价指标应具备科学性、合理性与可操作性等特征,这也是建立体质健康评价指标的标准与要求。健康评价工作要定期开展,要实施科学化、规范化和全面化的评价。全面化的评价应包括生理、心理及社会适应等方面的评价,但现行的体质健康评价指标达不到这样的要求。对此,学校作为体质监控主体要结合大学生的体质健康状况和身心发展特征而合理筛选体质评价指标,并依据相关政策而构建与完善有效、可信、全面的评价指标体系。

大学生体质健康评价指标的建立与完善需从以下几方面落实:

第一,结合大学生的身心特征与社会适应能力现状而筛选具有针对性和代表性的指标。

第二,结合学校的场地设施条件和其他资源条件筛选可操作性强的评价指标。

第三,成立测评机构,由专家评估指标的科学性、实用性,结合专家的意见筛选指标。

3.完善体质健康促进的反馈机制

对大学生体质健康促进反馈机制进行完善,有助于对大学生体质健康信息的快速掌握。完善反馈机制需注意以下两点:

第一,应能够为各地及时监测与评价大学生体质健康提供便利,应便于各地及时解决体质监测中遇到的问题,为体质监测与评价工作的顺利开展提供保障。

第二,保证各监控主体都可以通过相关渠道来了解大学生的体质健康现状,并能够有的放矢地实施干预,以全面提高大学生体质健康管理效果。

二、大学生体质健康管理的程序

大学生体质健康管理的程序可参照健康管理的一般流程,具体包括以下几个步骤:

(一)健康体检

以大学生群体的健康需求为基础,依据"早发现、早干预"的原则将体格检查的项目确定下来。体格检查结果能够为后期健康干预提供参考。

(二)健康评估

以问卷调查、面对面访问等方式了解大学生的家族史、健康史、生活方式等,获取准确的资料和信息,基于这些资料与信息进行健康评估,并为管理对象提供相应的评估报告。

(三)健康咨询

健康咨询主要包括以下几项内容:
(1)分析个人健康信息。
(2)提供健康指导服务。
(3)制订健康管理计划。
(4)制订随访跟踪计划等。

(四)后续服务

管理对象的情况及资源的多少决定了后续服务的内容,可结合管理对象的共性需求及个性化需求提供不同的服务,对健康资讯和健康提示定期寄送。服务对象利用互联网对个人健康信息进行查询,并根据自身健康状况寻求健康指导。

第三章　大学生体质健康管理的理论体系

（五）专项服务

按健康人、亚健康人和病人的不同情况设计个性化服务，前两类人可选择的服务有健康教育、生活方式改善咨询等。慢性病患者可选择与自身疾病或疾病危险因素有关的服务，如心血管疾病及相关危险因素管理等。[1]

第四节　大学生体质健康管理的服务体系

一、大学生体质健康管理服务体系的构建

（一）大学生体质健康管理服务体系构建的必要性与可行性分析

1. 大学生体质健康管理服务体系构建的必要性

（1）落实《"健康中国2030"规划纲要》的必然要求。

我国为推动健康中国建设、促进全民健康水平的提升而颁布与实施《"健康中国2030"规划纲要》（以下简称《纲要》）。"共建共享、全民健康"是《纲要》的战略主题；普及健康生活、优化健康服务、发展健康产业是《纲要》重点强调的内容。在实施《纲要》的过程中，应对健康优先、公平公正、科学发展、改革创新等一系列原则严格加以贯彻。

构建大学生体质健康管理服务体系，主要是为了促进大学生健康水平的提高，为保障大学生的健康而提供规范、系统的服务，并进行科学有效的管理。构建大学生体质健康管理服务体系与《纲要》的文件精神相符，并有助于早日实现《纲要》的目标。

---

[1] 殷洁森.江南大学学生体质健康管理研究[D].湖南大学,2014.

(2)改变大学生体质测试中存在的"只为测而测"的现象的必然要求。

"健康第一"是我国的主要教育思想,我国为贯彻与落实该思想而颁布与实施《国家学生体质健康标准》。高校对学生进行体质健康测试有助于提高学生参与体育锻炼的积极性,培养学生良好的锻炼意识与锻炼习惯,这也为高校体育工作的开展奠定了良好的学生基础。但目前高校体质测试存在"只为测而测"的问题,这严重影响了体质测试的效果,也使体质测试失去了原本的意义。大学生面对体质测试主要存在以下两种心态:

第一,学生紧张、畏惧、逃避,不敢参加,但也会在临近测试前"临时抱佛脚",突击锻炼,以希望体质测试成绩达到及格水平。

第二,学生对体测无所谓,也不做准备,对最后的测试结果也是满不在乎。

以上两种心态都是消极心态,如果高校任由学生以这样的心态参加体质测试,则与国家颁布与实施《国家学生体质健康标准》的初衷不符,也不利于对学生良好锻炼习惯的培养,不利于学生健康水平的提高。

高校虽然每年都会组织一次体质测试,但大都是"例行公事",并未真正将体质测试内容与体育教育结合起来,也未在体育教学评价中将此作为一项重要指标。高校集中花几天时间完成体质测试工作后,就将此事搁置一边,没有有针对性地分析学生的体质测试数据,也未对学生体测成绩不理想的原因进行调查与研究,更没有根据体质测试结果而对体育教学内容进行调整。因为学校本身就对此不够重视,所以学生在参加完体测后也就放弃体育锻炼了,这对学生的健康成长与综合素质的提升造成了严重的制约。

(3)对大学生健康促进途径进行探索与创新的必然要求。

近些年来,我国大学生体质水平的下降趋势明显,不管是身体机能水平还是身体素质水平都在下降。改善大学生身体形态、提高大学生身体机能及身体素质水平的最佳方式是体育锻炼。

第三章 大学生体质健康管理的理论体系

比较合理的锻炼频率是一周锻炼三至四次。但我国大学生群体中大部分都缺乏体育锻炼,更达不到一周锻炼三至四次的标准。

高校有关部门在大学生体质健康管理中不够积极主动,多进行被动式管理,而且管理也不够系统,部门负责人缺乏长远的目光。高校对大学生体质健康的被动式管理主要表现为不注重预测危险因素与预防疾病,忽略了健康教育,在大学生出现疾病之后才进行干预。被动管理模式增加了高校有关部门的工作量与工作负担,也消耗了大量的资源,学校面临资金压力,学生承受疾病之苦。因而不管从哪个角度来看,被动式管理都不及主动式管理好。

此外,高校体育部门在大学生体质健康管理方面肩负重任,承担着预防危险的职责、健康促进的职责等,搞好体育教学有助于更好地实现健康促进目标。现阶段我国高校虽然开设了很多体育课程,但大都缺乏针对性,虽然学生可以根据自己的兴趣爱好自主选课,但忽略了体育教学应有的针对性和强度性要求。对此,要积极探索大学生体质健康促进的科学路径,从而为大学生提供更加全面、更加完善的健康服务,切实提高大学生体质健康水平。

2.大学生体质健康管理服务体系构建的可行性

构建大学生体质健康管理服务体系的目的是为大学生的身心健康提供更好的服务。高校丰富的教育资源及强大的教育平台是构建大学生体质健康管理服务体系、对大学生进行健康管理的重要依托。当前,我国高校的心理健康中心、体质测试中心以及校医院主要负责对大学生健康方面的管理,而且三者相对独立。而构建大学生体质健康管理服务体系则要求将这些平台与各自的资源串联及整合起来,构建更大更强的资源共享平台,这便于高校各有关部门更好地实施健康教育与健康干预,培养大学生正确的健康观与体育观,促进大学生良好锻炼习惯的养成,为大学生的健康保驾护航。

(1)高校自身优势较多。

在构建大学生体质健康管理服务体系方面,高校所具有的优势主要表现在以下几个方面:

第一,高校文化环境优良、学术氛围浓厚,适合构建与推广健康管理服务体系。

第二,高校大学生文化水平高,也能快速接受新鲜事物。

第三,高校具备体医结合的条件。

第四,高校体育教学水平较高,教学资源丰富,借助这些优势构建健康管理服务体系,对进一步提高高校体育教学质量和大学生体质健康水平都有重要意义。

高校的上述优势为大学生体质健康管理服务体系的构建提供了良好的条件。

(2)建立学生个人健康档案的可行性。

构建大学生体质健康管理服务体系,需建立学生健康档案。在这一环节中,高校大学生信息数据库能够为此提供借鉴与参考。高校每个大学生都有自己的个人档案和信息库,登录学校网站可以对学生信息进行查询,因此对大学生健康档案进行建立时,可将此作为获取学生健康信息(如体测成绩、心理健康测试成绩、体检表等)的途径。在高校中建立学生个人健康管理档案是具有可行性的。

(3)对大学生体质健康进行分析、评估及干预的可行性。

分析、评估及干预大学生体质健康是构建大学生体质健康管理服务体系的重要环节,开展这个环节的工作,可以充分发挥高校体育部门、心理健康中心、校医院以及营养学科的作用。

第一,体育部门主要负责大学生体质测试工作,分析与评估大学生体质测试的成绩,针对不同体质水平的学生制定不同的运动处方,有针对性地实施干预。

第二,心理健康中心主要负责大学生心理健康测试工作,对大学生心理健康状态进行评估,预防心理疾病的发生,并积极治疗普遍性的心理疾病。

第三章 大学生体质健康管理的理论体系

第三,校医院主要负责大学生体格检查工作,诊治身体疾病,促进身体康复。

第四,开设营养学科课程主要是为了对健康饮食常识进行普及,使学生养成良好的饮食习惯。

(4)借助国外健康管理的经验。

美国、芬兰等国家非常重视健康管理,并在开展与推广健康管理的过程中取得了良好的成绩,主要表现为预防健康危险因素、缩短疾病治疗周期、节省医疗费用支出等。此外,这些国家健康管理事业的发展还对经济发展、社会和谐起到了重要的促进作用。借助这些国家的成功经验而在全世界对健康管理进行推广,将有助于促进健康管理学科及相关行业的发展。

我国在构建大学生体质健康管理服务体系中也可以借鉴这些经验,从而争取少走弯路。

(二)大学生体质健康管理服务体系的构建模式

1.大学生健康管理服务体系的结构框架

对大学生健康管理服务体系进行构建,就要有机整合与串联高校中与学生健康有关的所有部门或学科,如体育部门、心理健康中心、营养学科、校医院等,由这些部门开展健康服务与健康管理的具体工作。构建大学生体质健康管理服务体系离不开学校负责人的统一规划与领导,在此基础上各相关部门充分发挥各自的优势,并相互协同配合,共同为大学生的健康保驾护航。

2.大学生健康管理服务体系的运行模式

大学生健康管理服务体系的运行模式包括以下几个环节:
(1)采集学生健康数据。

对于刚入学的新生,要采集其健康数据,包括身体与心理健康数据,这个工作主要由高校体育部门、心理健康中心和校医院负责。

(2)整理与记录学生健康信息。

建立学生健康档案,将收集的数据与信息加以汇总后记录在档案中。

(3)分析和评估学生健康信息。

从专业的角度科学分析与全方位评估学生个人健康信息,并将分析与评估的结果记录在学生健康档案中。

(4)对学生进行健康指导和干预。

根据学生健康档案中的健康信息有针对性地对健康干预策略进行制定与实施,提高不同体质群体的健康水平,使其养成健康的生活方式和良好的体育锻炼习惯。

大学生体质健康管理服务体系的运行是一个循序渐进与不断提高的过程。经过上述几个环节后,要再次监测学生健康情况、采集健康数据、整理健康信息、进行健康分析与评估以及提供干预服务,要不断更新学生健康管理档案,不断调整健康服务与健康管理的方式,如此才能促进大学生体质健康水平的不断提高。

二、大学生体质健康管理服务体系的服务机构与职能

大学生体质健康管理服务体系主要包括体育教学部、心理健康中心、校医院、营养学科四个服务机构。它们的服务职能及内容各不相同,但最终都是为大学生健康而服务的,下面具体分析这几个服务机构各自的职能。

(一)体育教学部门及其服务职能

在大学生体质健康管理服务体系中,体育教学部门是非常重要的组织部门,发挥着至关重要的作用。体育教学部门要培养学生对体育运动的兴趣爱好,激发学生参与体育运动的积极性,向学生普及体育知识、传授体育运动技能,使其掌握丰富的体育锻炼方法,形成正确的健康观,养成良好的锻炼习惯。

第三章 大学生体质健康管理的理论体系

高校体育教学部门主要负责体育教学和体质测试工作,对学生的体育学习成绩和体质测试成绩进行汇总与整理。具体而言,该部门在的服务内容主要有以下几项:

1. 体质测试工作

每年定期安排体质测试,整理体质测试成绩,并记录在学生个人健康档案中。

2. 体质测试评估

根据体测成绩进行健康评估,向学生个人健康档案中上传评估数据。

3. 体育锻炼指导

在体育课堂教学或课余体育活动中对学生进行指导,使学生掌握科学有效的体育锻炼方法,将运动技能熟练掌握,提高健康水平。

4. 运动干预

根据健康评估数据为学生提供个性化运动处方,并监督学生按照处方进行锻炼,提高锻炼效果。

(二)营养学科及其服务职能

营养学科在大学生体质健康管理体系中也是必不可少的重要组织。其服务职能主要体现在以下两方面:

1. 饮食指导

根据学生健康档案中的健康信息为学生的健康饮食提供针对性的指导。偏瘦和肥胖的学生是重点指导对象,对于前者,提供能够增加体重的食谱,使其体重达到正常范围;对于后者,主要提供科学减肥食谱,并强调配合体育锻炼来减肥。

2. 知识讲座

开展关于科学饮食和健康饮食的知识讲座,提供一日三餐科学搭配与合理膳食营养的方案与建议,为学生的健康饮食提供科学指导,促进学生良好饮食习惯的形成。

(三)心理健康中心及其服务职能

当代社会充满激烈的竞争,这是大学生不断出现心理问题的一个主要原因。心理问题严重困扰着大学生,影响了大学生的正常学习与生活。对此,心理健康中心需进行科学干预,面向大学生开展心理健康教育与心理咨询服务,帮助大学生切实解决心理问题,促进大学生心理健康与全面健康。

具体来说,高校心理健康中心在大学生体质健康管理中主要提供以下服务:

1. 心理测试

每年定期测试学生的心理健康情况,并向学生个人健康档案中上传测试数据及相关信息。

2. 心理评估

以心理健康测试结果为依据评估大学生的心理健康情况,继续上传评估结果。

3. 心理咨询

根据大学生普遍存在的心理问题而提供心理咨询服务,并基于少数学生的个别心理问题而开展针对性的心理咨询服务,帮助大学生解决各种不同的心理问题,使其学习与生活步入正轨。

4. 心理干预

根据不同学生的不同心理问题而采取不同的方式进行有效

第三章　大学生体质健康管理的理论体系

干预,干预方式有心理健康游戏、一对一心理治疗等,这些都是解决大学生心理问题的重要手段。此外,也要引导大学生进行自我心理调节,提高其解决自身心理问题的能力。

5. 心理健康讲座

整理和汇总大学生常见心理问题,在心理健康讲座上集中说明预防与解决这些问题的方法。

(四)校医院及其服务职能

校医院的主要职责是预防与诊治疾病,这不仅能够使学生少受或免受疾病之苦,还能使学生减少看病开支。校医院可适当开展健康咨询服务,为学生普及健康与预防疾病的常识,宣传健康的生活方式,促进学生自我保健意识与保健能力的增强。此外,校医院还要做好疾病普查工作,了解大学生的常见疾病,并进行针对性治疗。

具体来说,校医院在大学生体质健康管理中主要从以下几方面提供服务:

1. 体检

每年定期安排一次体检,向学生个人健康档案中上传体检表。

2. 身体评估

根据体检结果,从医学的角度分析与评估学生的身体指标,然后上传评估结果,完善学生健康档案。

3. 疾病治疗

科学诊断与治疗学生的身体疾病,促进学生早日康复。

4. 医务监督

运用医学知识和方法科学监护大学生运动者的身体机能和身体素质,预防运动者在运动锻炼中发生运动损伤或疾病,提高锻炼的科学性与安全性。

5. 健康知识讲座

整理和汇总大学生常见身体疾病,在健康知识讲座上集中说明预防与解决这些疾病的方法,降低发病率。

三、大学生体质健康服务体系的优化与完善策略

(一)高校开设健康教育通识课,加大对健康知识的普及力度

我国大学生体质健康水平呈下降趋势的一个主要原因是大学生缺乏对健康的正确认知、缺乏基本的健康知识。高校在健康教育中关注普及健康知识,并习惯通过举办健康知识讲座来宣传与普及知识。但这样的讲座很少有学生听,更没有达到覆盖全校的目标。因为知识普及路径受阻,所以大学生掌握的健康知识非常少。对健康知识知之甚少的大学生很难做到自我健康管理,自我保健意识与保健能力都比较弱。学生的健康问题若长期得不到解决,其体质健康水平自然就会不断下降。

为了使大学生学习与掌握丰富的健康知识,提高其健康知识素养,除了要在体育课上传授健康知识外,还要开设健康教育通识课。授课教师要选用丰富有趣的教学方法来传授健康知识,营造轻松愉悦的课堂氛围,使学生以饱满的情绪和积极的心态去学习。教师要鼓励学生将课堂上所学的健康知识运用到学习、生活以及自我健康管理中,形成良好的生活方式,健康饮食、合理作息、科学锻炼,保持良好的健康状态。

第三章　大学生体质健康管理的理论体系

（二）高校相关部门协同配合，促进大学生健康信息共享机制的建立健全

高校中承担学生健康管理职责的部门比较多，如体育部门、心理健康中心、校医院等，单靠其中任何一个部门的力量都不可能取得良好的管理效果。只有这些部门在发挥各自职能的基础上协同配合，密切合作，才能充分整合高校在健康管理方面的优势资源，并将这些资源的作用发挥到极致。

各部门之间通力合作最直接的表现就是共享学生健康信息，共同为学生健康服务，因此要科学构建大学生体质健康信息共享机制，并不断健全与完善该机制，从而为各部门各自开展健康服务工作及相互之间的配合提供重要参考。构建信息共享机制也能避免一些工作的重复开展，避免浪费学校资源，从而提高大学生体质健康管理效率与健康服务水平。

（三）构建学校、家庭及社会三位一体的大学生体质健康管理服务体系

影响大学生体质健康的因素包括学校因素、家庭因素、社会因素等，基于这些影响因素而构建学校、家庭、社会三位一体的大学生健康管理服务体系具有重要意义。

现代社会生活压力大，工作负担重，不科学、不规律、不健康的生活方式影响了很多人的生活，大学生在这样的社会环境下很难树立正确的健康观，形成健康的生活方式。所以，大学生不能等步入社会后再树立健康观，而是要在高校树立健康观，养成良好的健康意识与生活习惯，而且高校在培养学生健康观、引导学生健康生活等方面具有家庭和社会无可比拟的优势。高校有关部门要充分发挥自己的教育作用，促进大学生健康发展，为大学生将来的健康生活打好基础。

家庭环境对一个人的影响可以说是伴随其一生的，良好的家庭氛围与和谐的家庭环境有助于促进大学生正确健康观的形成

和健康意识的提高。家长要注重培养孩子的良好饮食习惯、运动习惯及作息习惯,这样孩子在步入大学甚至将来步入社会后才能将这些好习惯延续下去。这有助于其一生的健康发展。

社会环境对大学生体质健康的影响同样不可小觑,我国颁布与实施《"健康中国 2030"规划纲要》,强调要将健康产业和健康服务业的发展重视起来,以推进健康中国建设进程,这为大学生的健康发展营造了良好的社会氛围。[①]

学校、家庭、社会都是影响大学生体质健康的重要因素,三者要相互配合,共同为促进大学生健康发展而努力。高校要主动争取与学生家长、社会有关部门的合作,从而在大学生健康管理中获得家长与社会的支持与帮助,提高管理效率。

(四)充分发挥高校的体育教育资源与医疗资源优势,构建体医融合机制

高校在构建体医融合机制方面具有自身的优势,主要表现为高校拥有体育教学部门和直属校医院。运动能够促进人的免疫力提升,促进人的全面健康与综合素质的发展,医学可以有效排除健康危害影响,保护健康。因此,促进高校体育与医学的融合,建立体医融合机制,能够为大学生的健康发展提供双重保障。

体育锻炼能够增强大学生的体质,提高大学生抵御疾病的能力,预防生病,因此大学生进行科学的体育锻炼具有重要意义。在体育锻炼中,要保证锻炼的安全性与实效性,就要结合医学来制定科学的运动处方,对不同体质健康水平的学生进行有针对性的指导,使学生通过体育锻炼而真正提高免疫力与体质水平。此外,还要结合运动医学的原理评估运动中的危险因素,预防运动风险,提高运动的安全性,降低风险发生率。

在高校构建体医融合新机制能够更好地监测、预防及干预学

---

① 谢超杰.大学生健康管理服务体系的构建及初步实践[D].华南理工大学,2018.

第三章 大学生体质健康管理的理论体系

生的体质健康,为学生提供更全面的健康服务与更有效的健康指导,从而切实提高学生的健康水平。

(五)利用现代科技手段来创新与完善大学生体质健康服务体系

运用科技手段建立与大学生健康管理服务体系相配套的网络服务平台,开发线上服务项目,提供便捷化、现代化与多元化的服务。建立学生电子健康档案,运用网络手段收集数据,不断完善电子档案,并根据不同学生的体质健康情况而提供个性化的线上健康指导。

第四章 大学生体质健康管理的现状分析与对策研究

国家十分关注大学生体质健康,并制定和颁布了一系列相关政策来推进高校大学生体质健康管理,以有效提升大学生体质健康水平。但现实中我国很多高校不太重视大学生体质健康管理,而且在体质健康管理中一些棘手的问题长期存在,政府相关政策在高校层面得不到有效落实,这就导致政策的作用得不到发挥,大学生的体质健康问题得不到解决。这需要有关部门及高校领导进行深刻反思,针对实际情况商讨对策,切实改善大学生体质健康现状。本章主要就大学生体质健康管理的现状与对策进行分析与研究,首先分析大学生体质健康管理的认知与需求现状、实施与建设现状,然后概括与总结大学生体质健康管理中存在的主要问题,最后提出改善大学生体质健康管理现状的有效对策与建议,以期提供科学指导与参考。

第一节 大学生体质健康管理的认知与需求现状

通过调查与分析我国个别地区高校大学生体质健康管理现状,能够对我国大学生体质健康管理的整体情况有一个基本的了解。史博强在《石家庄市普通本科院校学生体质健康管理的研究》一文中对石家庄本科院校大学生体质健康管理的认知与需求现状、实施与建设现状进行了调查,本节主要对该文中认知与需求方面的调查结果进行分析。关于实施与建设现状的调查结果,

第四章 大学生体质健康管理的现状分析与对策研究

将在第二节进行分析。

一、大学生体质健康管理的认知现状

（一）主管领导对大学生体质健康管理的认知

被调查的几所高校的各级主管领导对大学生体质健康都比较重视，而且鼓励与支持高校开展各种各样的能够促进大学生体质健康的活动。此外，各高校积极按照《国家学生体质健康标准》对大学生进行体质测试，而且实行校长负责制，在体质测试过程中，高校体育部门、教务部门、学生处、医务室等都共同参与，积极配合，以推动大学生体质测试的顺利进行，提高工作效率。

（二）体育教师与辅导员对大学生体质健康管理的认知

关于大学生体质健康的管理情况，体育教师对此有一定的了解，调查结果显示，43%的体育教师认为自己对大学生体质健康管理非常了解，40%的教师认为自己基本了解大学生体质健康管理，有17%的体育教师认为自己对此不了解。

然而，辅导员对大学生体质健康管理的了解程度明显不如体育教师。调查结果显示，仅有11%的辅导员认为自己对大学生体质健康管理非常了解，29%的辅导员认为自己了解，超过一半的辅导员（51%）认为自己不了解，甚至还有一些辅导员对此表示无所谓，占9%。

总体来看，高校体育教师对大学生体质健康管理的认知水平比辅导员的认知水平高，但对此缺乏客观认知的体育教师还是占到17%的比例。体育教师缺乏这方面的认知，主要是因为他们不太了解大学生体质健康管理包含哪些内容，不确定有些内容是否属于健康管理的范畴。对大学生体质健康管理不了解的辅导员多达一半以上，可见辅导员对大学生体质健康不够重视，他们更注重的是思想教育和文化教育。其实高校辅导员担任着多重角色，肩负重任,不应该只将注意力放到大学生的考试成绩上,还应关注其健康与生活,应正确引导大学生形成健康的生活方式。

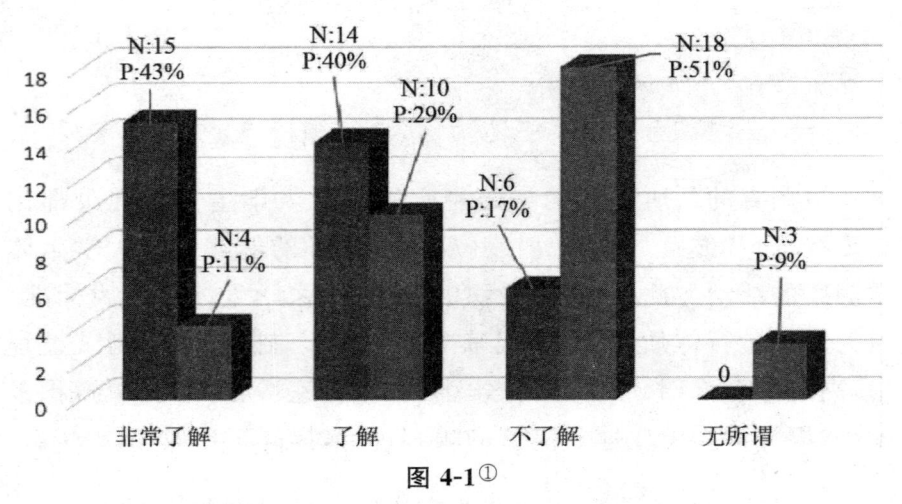

图 4-1①

注:左侧代表体育教师,右侧代表辅导员。

(三)大学生对体质健康管理的认知

1.大学生对自身体质健康的关心程度

大学生体质健康状况在一定程度上受其自身思想观念的影响。关于是否关心自己体质健康的调查结果显示,39%的学生非常关心,53%的学生关心,分别有5%和3%的学生选择不关心和无所谓(图4-2)。从调查结果来看,大学生的健康意识较强,比较关心自身健康。不关心自身体质健康的学生虽然占少数,但也不能忽视这个问题,这些学生的健康意识薄弱,对健康的理解不够全面,以为自己没有生病就是健康,所以不太关注自己的身体。高校在健康教育中要特别重视对健康知识的普及,提高大学生的健康意识与自我保健意识。

---

① 史博强.石家庄市普通本科院校学生体质健康管理的研究[D].河北师范大学,2016.

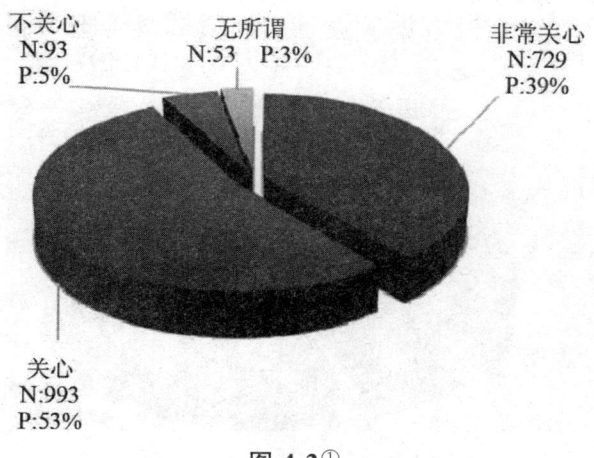

第四章 大学生体质健康管理的现状分析与对策研究

不关心 N:93 P:5%
无所谓 N:53 P:3%
非常关心 N:729 P:39%
关心 N:993 P:53%

图 4-2[①]

2.大学生对自身体质健康状况的满意程度

关于是否满意自己体质健康现状的调查结果显示,13%的学生表示满意,42%的学生表示一般,43%的学生表示不满意,2%的学生感觉无所谓(图 4-3)。可见,不满意自身体质健康现状的大学生占较大的比例,这也侧面反映了大学生的健康意识较强,而且健康需求较为强烈。大学生之所以不满意自己的健康状况,主要是因为体重超重或经常生病。而且随着大学生审美观念的变化,他们对自己的要求越来越多,也越来越严格,如果无法达到理想中美的状态,就会感到失望。

3.大学生对高校体质健康管理的了解情况

调查结果显示,大学生对高校体质健康管理的了解水平较低,表示非常了解与了解的学生一共仅占16%,76%的学生不了解,甚至还有一些学生持无所谓态度,占8%(图 4-4)。可见,大学生对体质健康管理缺乏基本的认知,也说明高校体质健康管理工作开展得不够好,没有向学生普及体质健康管理方面的基本知

---

① 史博强.石家庄市普通本科院校学生体质健康管理的研究[D].河北师范大学,2016.

识，缺乏宣传，学生没有渠道去了解体质健康管理的相关知识。

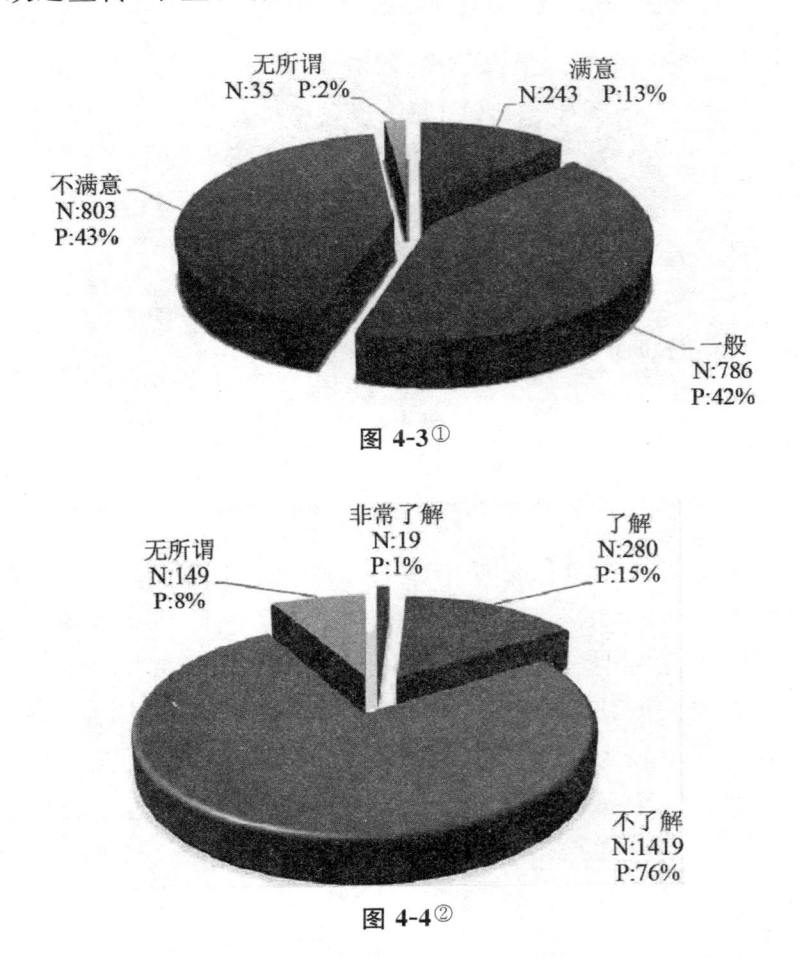

图 4-3①

图 4-4②

二、大学生体质健康管理的需求现状

(一)大学生对"是否有必要进行体质健康管理"的态度

关于是否有必要进行体质健康管理的调查结果显示，34%的

---

① 史博强.石家庄市普通本科院校学生体质健康管理的研究[D].河北师范大学,2016.
② 同上.

第四章　大学生体质健康管理的现状分析与对策研究

学生认为非常有必要，40%的学生认为有必要，分别有9%和17%的学生认为没有必要和无所谓（图4-5）。可见，大学生对高校体质健康管理有比较强烈的需求，对此抱着积极的态度，有较高的期待。少数大学生认为没必要进行体质健康管理或对此无所谓，这主要是因为他们的健康意识薄弱，没有认识到健康的重要性及体质健康管理的意义。

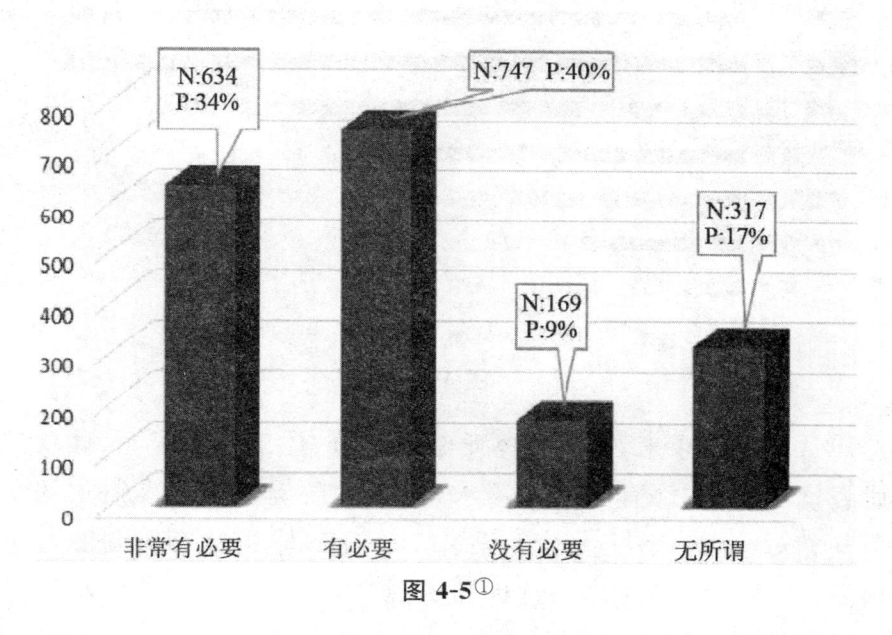

图 4-5 ①

（二）大学生对体质健康管理的需求

高校在体质健康管理的过程中，具体开设哪些服务项目，从哪些方面着手进行管理，一定程度上取决于学生的需求。因此高校首先要了解大学生对体质健康管理内容的需求，从而有针对性地进行体质健康管理，以满足学生的需要。

在大学生对体质健康管理内容的需求的调查结果中，按学生选择比例从多到少来看，选择"体质健康评价"的占69%，选择"体

---

① 史博强.石家庄市普通本科院校学生体质健康管理的研究[D].河北师范大学,2016.

质健康干预"的占61%,选择"体质健康咨询"的占52%,选择"建立健康档案"的占48%,选择"体质健康监测"的占41%,选择"个人健康教育"的占27%,选择"生活方式教育"的占19%,最后选择"其他要求"的占7%(图4-6)。

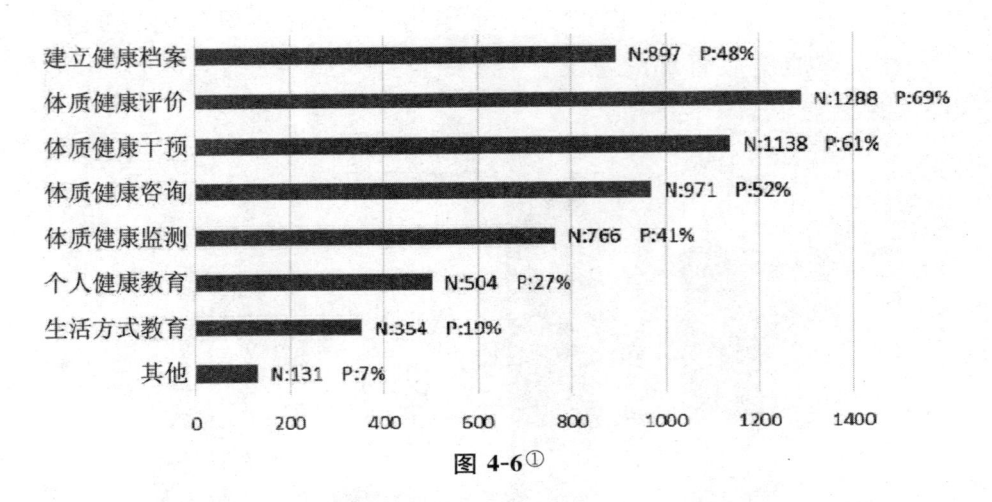

项目	N	P
建立健康档案	897	48%
体质健康评价	1288	69%
体质健康干预	1138	61%
体质健康咨询	971	52%
体质健康监测	766	41%
个人健康教育	504	27%
生活方式教育	354	19%
其他	131	7%

图4-6[①]

从调查结果来看,对于体质健康评价、体质健康干预、体质健康咨询,大学生都有较高的需求,但对体质健康监测有需求的学生却相对较少。一些大学生没有正确理解体质健康监测的真正内涵,将其与体检与体质达标测试混为一谈,甚至对体检与达标测试都缺乏正确的认识。此外,高校有关部门也未真正认识到体质健康监测的重要性,这方面的工作相对处于缺失状态,而且高校体质健康咨询、干预、评价等工作的开展也不到位,所以学生才会对此有强烈的需求。我们必须充分认识到,体质健康监测是开展体质健康咨询、评价及干预工作的基础与前提,只有在监测中获得准确的数据与信息,才能更好地开展后面的健康管理工作,否则一切都是徒劳。因此高校应在进行体质健康监测的基础上再着手体质健康管理的其他工作,从而提高管理的效

[①] 史博强.石家庄市普通本科院校学生体质健康管理的研究[D].河北师范大学,2016.

第四章 大学生体质健康管理的现状分析与对策研究

率与效果。

从调查结果中还可以看出,大学生对个人健康教育、生活方式教育的需求并不高。这在一定程度上说明大学生对这两方面的教育缺乏正确的认知,理解存在偏差。此外,传统的灌输式教育模式引起了大学生反感,所以大学生对"教育"字眼比较敏感,担心个人健康教育和生活方式教育也会采取传统教育方式来进行,所以对此没有太大的需求。

(三)大学生对改善自身体质健康现状的需求

1.大学生对运动方案的需求

运动锻炼能够有效改善大学生的体质健康状况,增强大学生体质,提高大学生的健康水平。科学合理的运动方案能够为大学生进行运动锻炼提供有效指导,从而提高锻炼效果。所以有的大学生会在锻炼前邀请专业人员如体育教师为其制定符合其自身情况的运动方案,调查结果显示,这样的大学生占11%。有53%的学生有这方面的想法,但因为条件所限,所以没有实行,16%的学生认为专门制定运动方案是没有必要的,剩余20%的学生认为有无运动方案都可以,对此表示无所谓(图4-7)。

总体来看,大学生希望在运动锻炼中得到专业指导,从而取得理想的锻炼效果,以此来改善自己的体质状况,保持健康。也有一些学生对专业指导的需求不是很强烈,这与其健康意识淡薄或本身运动能力较强等有关。

2.大学生对心理咨询的需求

心理健康是个体综合素质的重要组成部分之一,是个体全面健康的一部分。心理健康是大学生完善自我人格的基本动力,是开发大学生潜能的前提与基础。良好的心理素质能够提高大学生学习的积极性与学习效率。对大学生而言,保持稳定良好的心态非常重要。所以,大学生改善自己的体质健康状况,不仅要通过运动锻炼来改善身体健康状况,还要采取心理咨询等手段来改善心理健康状况。大学生在学习或生活中遇到挫折时,情绪低落,如果不及时调整,就会引起严重的心理问题,甚至会做出过激行为。大学生可通过寻求心理咨询服务来改善自己的不良情绪。

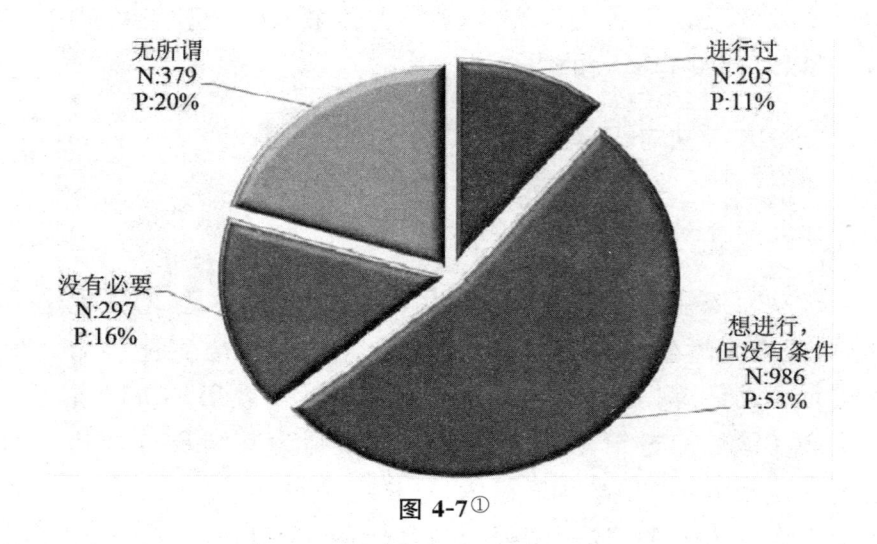

图 4-7①

调查结果显示,大学生情绪不佳时,只有9%去学校心理咨询部门寻求帮助,有8%向辅导员寻求帮助,43%的学生向朋友寻求帮助,39%的学生进行自我调节(图4-8)。

从调查结果来看,大学生遇到挫折,情绪低落时,主要是向朋友诉苦,寻求安慰,或进行自我开导,而向心理咨询部门与辅导员寻求帮助的学生比较少,这与以下两方面的原因有关。

第一,大学生对心理健康缺乏正确的认识和足够的重视,对心理健康知识的掌握较少,对心理健康标准的理解不全面,所以维护心理健康的意识比较薄弱。

---

① 史博强.石家庄市普通本科院校学生体质健康管理的研究[D].河北师范大学,2016.

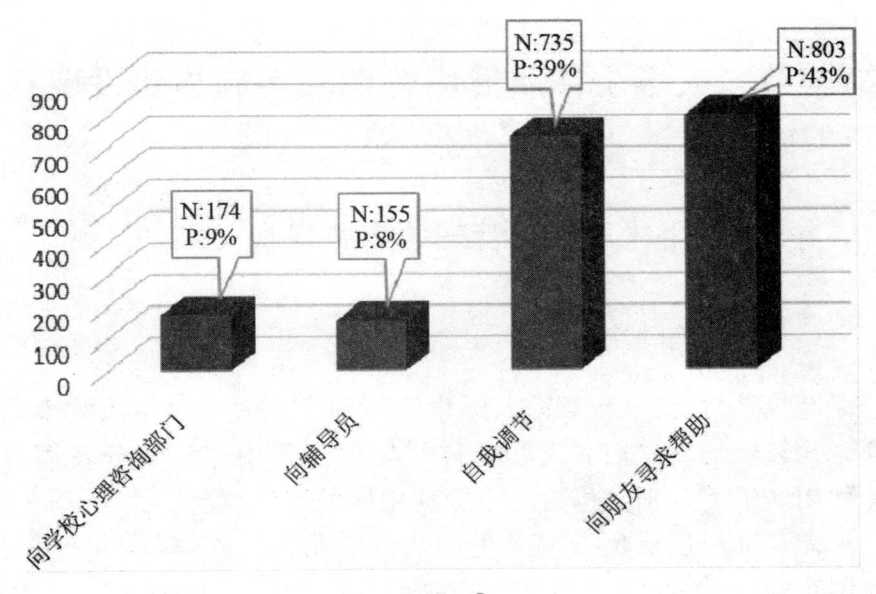

第四章　大学生体质健康管理的现状分析与对策研究

图 4-8[①]

第二,大学生对专门的心理咨询不够了解,高校在这方面的宣传也不够,导致很多学生对心理咨询的认识存在偏差,或者说有些害怕心理咨询,甚至有抵触心理。有些学生认为只有精神有问题的才会去做心理咨询。此外,大学生与辅导员之间有一定的距离,大学生不敢将辅导员当作真正的朋友,所以如果不是学习上的事,一般不会主动找辅导员。

对于以上两点原因,高校有关部门及辅导员应该进行自我反省,有关部门要向大学生普及心理健康与心理咨询的基本知识及重要性,让大学生正确理解心理咨询,并主动寻求心理咨询帮助。辅导员要与学生建立和谐的师生关系,多与学生沟通与交流,尤其是那些性格内向的学生,多了解他们的情况,主动对其进行心理开导,提供帮助,拉近与学生的距离,让学生消除恐惧心理与戒备心理,愿意袒露心声,愿意主动向辅导员寻求帮助。

[①] 史博强.石家庄市普通本科院校学生体质健康管理的研究[D].河北师范大学,2016.

第二节　大学生体质健康管理的实施与建设现状

一、大学生体质健康管理的实施现状

(一)大学生体质健康管理主体现状

高校体育部门、校医院及学生管理部门与大学生体质健康的联系比较密切。它们在大学生体质健康管理中应该充分发挥主体作用。下面分别分析这三个管理主体的工作情况。

体育部门主要负责大学生体质健康测试工作,每学年一次。但调查发现,体育部门完成体质健康测试工作后,只是登记、上传测试数据,并未给学生提供反馈,更没有科学评价大学生的体质健康情况。此外,因为数据共享机制的缺失,体育教师没有掌握大学生的体质测试数据,无法从学生的实际情况出发安排体育教学内容,并进行运动指导。

高校校医院会定期面向所有在校大学生组织体检,但体检结果只是在校医院留存,学生没有电子或纸质体检报告单,而且体育部门、学生管理部门也无法获得学生的体检数据结果。另外,很多高校的校医院对大学生进行体检存在形式主义倾向,只检查一些基本的指标,走个过场,很多重要的指标都不在体检范围内,这样通过体检也就无法真正全面了解大学生的体质健康情况,而且有关部门在大学生体质健康干预中也缺乏可参考的数据。

学生管理部门的辅导员与学生的接触比较多,也比较了解学生的思想和健康情况,但很多辅导员都忽略了自身在大学生体质健康管理方面的职责,因此也没有真正做一些相关工作。

此外,以上部门在大学生体质健康管理中存在"各自为政、互不干扰"的现象,相互之间缺乏互动与合作,大学生体质健康管理的综合平台还未形成,导致大学生体质健康管理效率低下,管理

第四章 大学生体质健康管理的现状分析与对策研究

效果也不明显。

(二)大学生体质健康管理内容现状

大学生体质健康管理内容包括体质健康监测、体质健康评估、体质健康咨询、体质健康指导及体质健康调控等。但调查结果显示,调查的几所高校只开展了体质健康监测与体检工作,而且体质达标测试还是体质健康监测的主要实现路径。

调查的大学生中,接受过体质健康指导的学生还不及一半,他们主要是在体育课上接受健康指导,其实就是学生向体育教师咨询健康问题,教师给出建议。一些学生甚至认为体育课上的运动技能指导也是体质健康指导的范畴,其实这并不属于体质健康指导。从学生体质状况出发而开展健康指导课程的高校非常少,体育教师在体育课上也以传授体育知识与技能为主,而不过多关注健康方面的指导。这一方面是因为体育教师这方面的意识不足;另一方面是因为体育教师不了解大学生的体质健康数据。

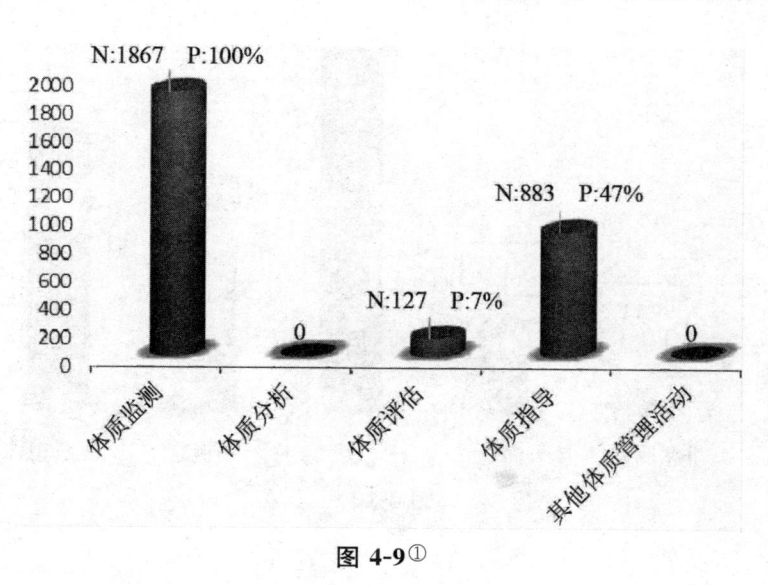

图 4-9[①]

---

① 史博强.石家庄市普通本科院校学生体质健康管理的研究[D].河北师范大学,2016.

另外，调查的学生中接受过体质健康评估的学生仅有7%（图4-9），其实这些学生未必真正接受了健康评估，而是将体质测试结果当作体质健康评估，其实这不是严格意义上的体质健康评估。

总之，高校在大学生体质健康管理过程中真正实施的内容比较少，已经开设的内容也存在很多问题，形式主义严重，实际效果不佳，没有达到预期目标。

从大学生对高校体质健康管理的满意度中也可以看出高校体质健康管理水平较低，管理情况难以令人满意。调查结果显示，仅有7%的学生对学校体质健康管理现状感到满意（包括非常满意），43%的学生认为管理现状一般，不满意和无所谓的学生分别占18%和33%（图4-10）。对此，高校应从多方面着手来加强大学生体质健康管理，切实提高管理效能，以获得学生、家长及社会的认可。

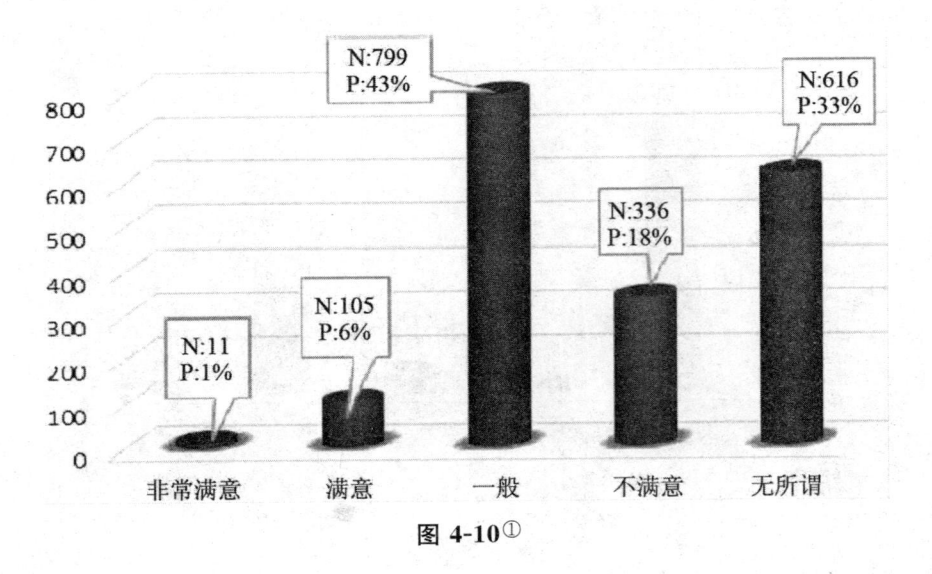

图 4-10[①]

---

① 史博强.石家庄市普通本科院校学生体质健康管理的研究[D].河北师范大学,2016.

第四章 大学生体质健康管理的现状分析与对策研究

二、大学生体质健康管理的建设现状

（一）高校建立大学生体质健康档案的情况

在高校大学生体质健康管理中建立大学生健康档案，有助于对大学生的体质健康状况及健康相关信息有更清楚的了解与掌握，从而针对大学生的体质健康状况而开展健康管理工作，实施有针对性的健康干预，提高管理效率。大学生体质健康管理是一项系统复杂的工程，而建立大学生体质健康档案是这项工程的根基，只有打好根基，才能为后面各环节的顺利实施奠定良好的基础。

关于高校是否为大学生建立了个人健康档案的调查结果显示，只有15%的学生选择了"有"，选择"没有"的学生占32%（图4-11），表示不清楚是否建立了个人健康档案的学生多达一半以上。可见，大学生个人健康档案的建立情况不容乐观，高校对此不够重视。

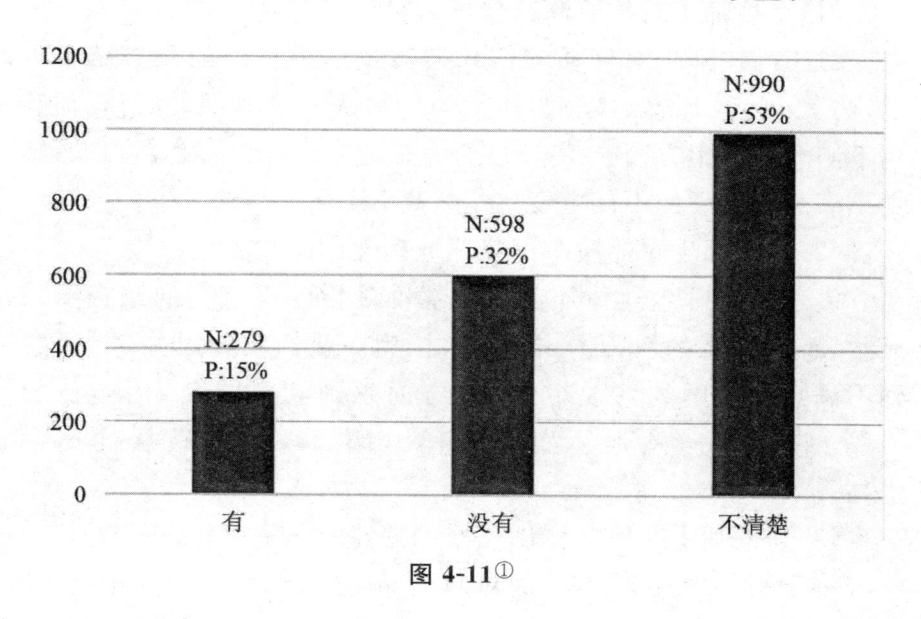

图 4-11[①]

[①] 史博强.石家庄市普通本科院校学生体质健康管理的研究[D].河北师范大学,2016.

(二)大学生体质健康测试情况

1.大学生体质健康测试的设施情况

大学生体质健康管理对高校的场地设施提出了一定的要求,如大学生体质测试要求高校测试场地、器材等都要达到相关标准。调查发现,大部分高校的硬件设施基本可以满足大学生体质健康测试所需。体质测试结果受到"人"与"物"的影响,人包括测试人员和受试者,物指的是测试仪器设施。与测试仪器设备相比,人的因素更不好控制,测试人员与受试者都应在测试中充分发挥自身的主观能动性。在测试前,工作人员要认真检查仪器设备,包括仪器数量、准确度与稳定性等,这些都会影响测试工作的开展及测试结果。高校体质健康测试的仪器设备如何,可以从教师与学生的满意度中体现出来。这方面的调查结果如下:

(1)高校师生对体质测试仪器数量的满意度。

关于高校师生对体质测试仪器数量的满意度的调查结果显示,约3%的教师感到满意,34%的教师认为一般,63%的教师感到不满意。学生方面有19%感到满意,38%认为一般,约42%感觉不满意。教师的不满意度比学生高。

(2)高校师生对体质测试仪器准确性的满意度。

关于高校师生对体质测试仪器准确性的满意度的调查结果显示,感到满意的教师约占43%,认为一般的教师约占51%,感到不满意的教师约占6%。学生方面感到满意的有29%,认为一般的有59%,感到不满意的有12%。教师的满意度比学生高。

(3)高校师生对体质测试仪器先进性的满意度。

关于高校师生对体质测试仪器先进性的满意度的调查结果显示,感到满意的教师约占6%,认为一般的教师约占57%,感到不满意的教师约占37%。学生方面感到满意的有31%,认为一般的有61%,感到不满意的有7%。教师的满意

第四章　大学生体质健康管理的现状分析与对策研究

度比学生低。

(4)高校师生对体质测试仪器稳定性的满意度。

关于高校师生对体质测试仪器稳定性的满意度的调查结果显示,感到满意的教师约占49%,认为一般的教师约占49%,感到不满意的教师约占3%。学生方面感到满意的有61%,认为一般的有37%,感到不满意的有2%。师生满意度均比较高。

在体质测试仪器满意度调查中,教师满意度与学生满意度调查结果分别如图4-12和图4-13所示。

对于体质测试仪器的数量,大部分教师与学生都感到不满意。相对而言,师生对测试仪器稳定性与准确性的满意度还是比较高的。这也反映出高校注重在硬件设施方面的投入,体质测试仪器质量较好。关于测试仪器先进性的满意度调查中,学生满意度比教师高,这主要是因为学生不太了解专业的器材设备。

综合来看,调查的这些高校中,体质测试仪器整体质量较好,但数量较少,不够先进。

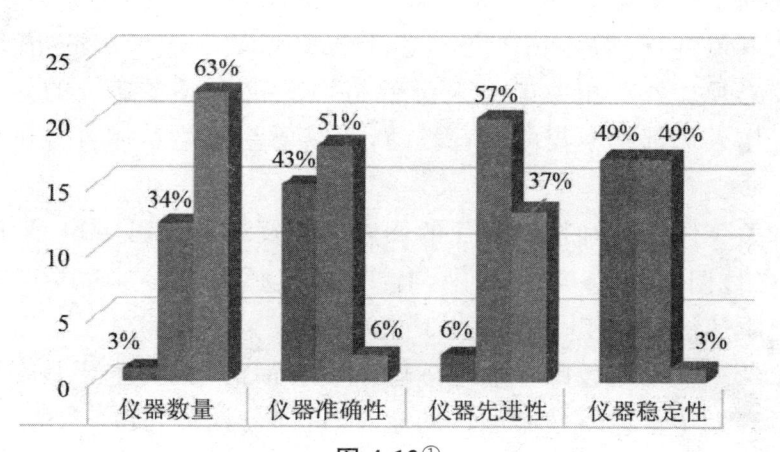

图 4-12 [①]

注:从左至右依次为满意、一般、不满意。

[①] 史博强.石家庄市普通本科院校学生体质健康管理的研究[D].河北师范大学,2016.

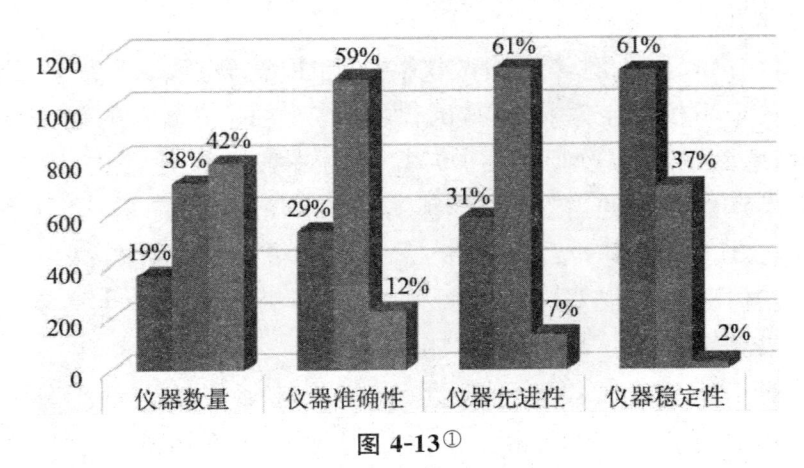

图 4-13①

注：从左至右依次为满意、一般、不满意。

2.大学生体质健康测试的人员情况

大学生体质健康测试的过程与结果在很大程度上受工作人员的影响。高校体质测试工作人员应具备良好的业务素质,具体表现为掌握丰富的体质测评知识、对测试仪器的操作能力强、态度认真负责、有敬业精神等。鉴于体质测试工作人员的重要性,高校必须加强对相关工作人员的培训。我国很多高校的体质测试工作人员都是本校的体育教师,所以要注重培养体育教师的业务素质。

关于体育教师培训方面的调查内容及结果如图 4-14 所示。

(1)调查的 35 名教师中,有 15 名教师没有参加过学校的体质健康达标测试工作,约占 43%。

(2)有 18 名教师参加过体质监测方面的培训,主要是在培训中了解大学生体质健康测试的意义,这部分教师约占 51%。

(3)在高校体质健康测试方面参加过监测项目规则设计、操作过仪器设备以及收集与分析过测试数据的教师均为 20 人,均

---

① 史博强.石家庄市普通本科院校学生体质健康管理的研究[D].河北师范大学,2016.

第四章 大学生体质健康管理的现状分析与对策研究

占调查总数的 57%。

（4）高校体质健康测试中所用的设备难免会出现故障，调查的这些教师中有 8 名教师维修过简单的设备，处理一些基本故障，约占 23%。

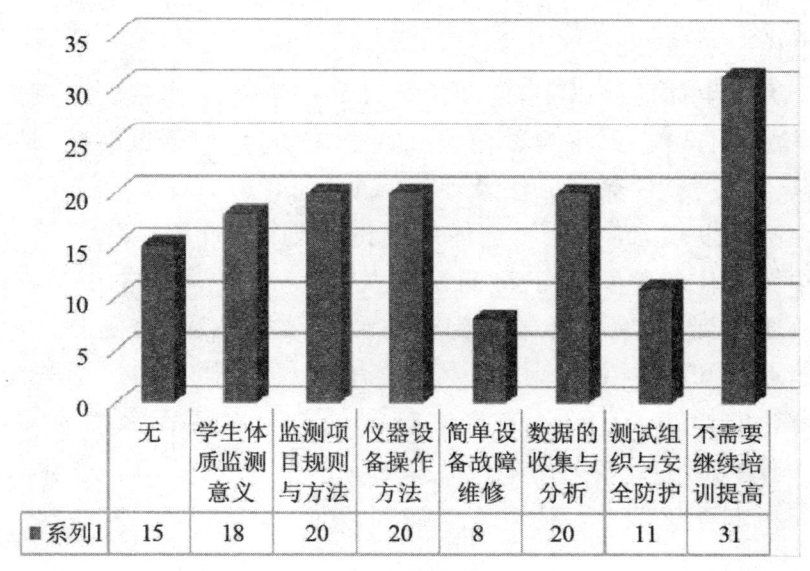

系列1	无	学生体质监测意义	监测项目规则与方法	仪器设备操作方法	简单设备故障维修	数据的收集与分析	测试组织与安全防护	不需要继续培训提高
	15	18	20	20	8	20	11	31

图 4-14①

（5）有 11 名教师参加过体质测试组织与安全防护的工作，约占 31%。

（6）有 31 名教师认为不需要对教师进行体质测试方面的培训，其中有些教师觉得自己没必要掌握体质测试的相关知识与技能，有些教师认为测试工作简单，仪器操作简便，不需要专门培训也能做好这方面的工作。

3.大学生体质健康测试的前期准备情况

大学生体质健康测试的整个过程分测试前、测试中与测试后

---

① 史博强.石家庄市普通本科院校学生体质健康管理的研究[D].河北师范大学,2016.

三个阶段。测试前主要是做一些准备工作，准备工作对后面两个阶段相关工作的开展有直接的决定性影响。如果准备工作不到位，之后所耗费的人力、物力及财力资源将会大大增加，而且后面的工作难度也会大大增加，这对整个体质测试工程的实施都会产生不利影响，会延误工程进度，影响工程质量。因此，做好前期准备工作至关重要。

大学生体质测试中，前期需要开展的准备工作主要是制定计划，检查测试仪器，将测试相关事宜告知学生，如测试时间、地点、内容、着装要求、测试方法及评价标准等。

调查发现，高校在制定体质测试计划、检查测试仪器等方面工作做得比较好。至于将测试相关事宜告知学生这方面，有些事项通知到位，有些通知不到位。调查结果显示，收到测试时间与地点通知的学生达到100％，只有64％的学生收到了关于测试内容的通知，有57％的学生收到了关于着装要求的通知，分别仅有0.8％与0.6％的学生收到了关于测试方法与测试标准的通知。

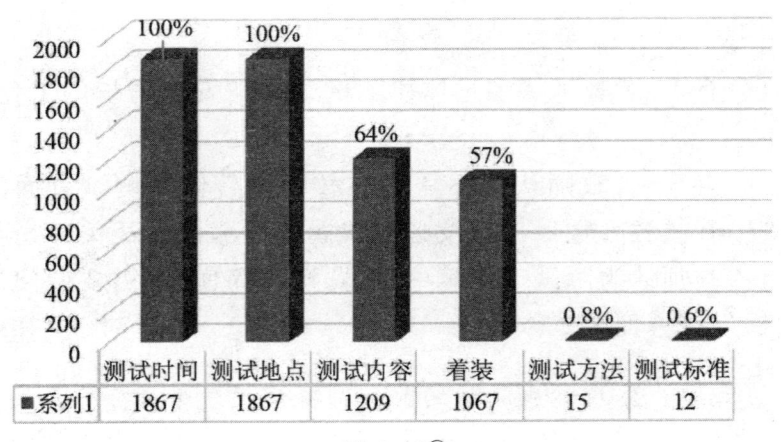

	测试时间	测试地点	测试内容	着装	测试方法	测试标准
系列1	1867	1867	1209	1067	15	12

图 4-15[①]

---

① 史博强.石家庄市普通本科院校学生体质健康管理的研究[D].河北师范大学,2016.

第四章 大学生体质健康管理的现状分析与对策研究

大学生对体质测试的了解情况直接影响其参加测试的积极性。从调查结果来看，高校在正式开始体质测试前并未将所有相关事宜传达给所有参加测试的学生，学校宣传缺失导致学生对体质测试的态度不够积极。而且，因为学校对着装要求及测试方法的宣传不到位，所以学生忽略了在体测前做一些准备活动的重要性，这容易在身体素质测试中造成运动损伤，同时也会对测试成绩造成影响。

4.大学生体质健康测试现场情况

大学生体质健康测试现场总会出现一些意料之内或意料之外的情况，这些情况会影响体质健康测试的顺利进行，影响测试结果（测试数据的准确性）。关于大学生体质健康测试现场的情况，不同的教师有不同的看法，调查结果如下：

(1)有17名教师认为某些项目在测试过程中花费的时间比较多，受试学生过于集中。

(2)有7名教师认为一些工作人员不能及时到岗，对工作不负责。

(3)有26名教师认为测试现场秩序混乱，比较嘈杂。

(4)有1位教师指出体质测试中仪器易出现故障，还有1名教师指出有学生会因身体不适而无法继续参加测试。

(5)有19名教师认为受试学生对体质测试的态度不端正，消极参与测试。

(6)有3名教师认为学生在体质测试中存在作弊问题。

从以上调查结果中可以将体质测试现场的问题总结为以下几点：

第一，不同测试项目的时间安排不合理，造成了时间浪费。

第二，测试现场环境差，秩序混乱。

第三，测试人员的职业素养较差。

第四，学生本身存在问题，如态度不端正、作弊等。

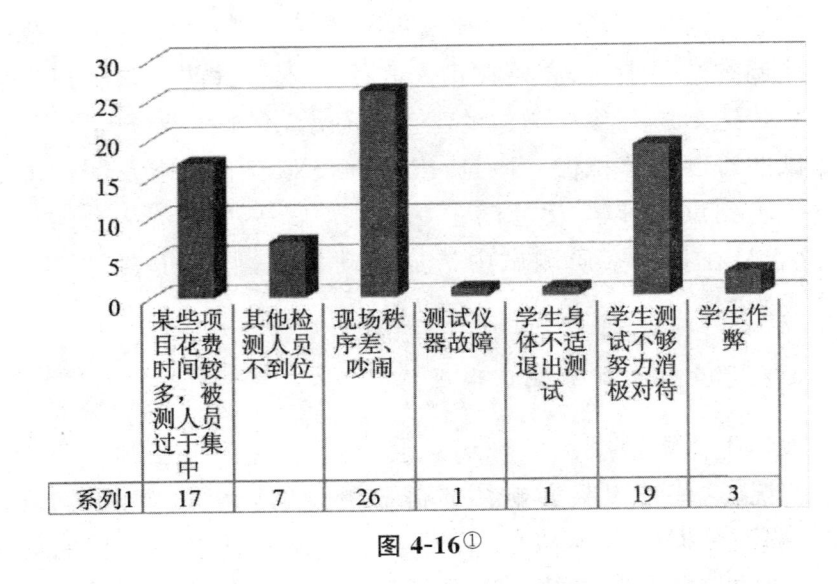

系列1	某些项目花费时间较多，被测人员过于集中	其他检测人员不到位	现场秩序差、吵闹	测试仪器故障	学生身体不适退出测试	学生测试不够努力消极对待	学生作弊
	17	7	26	1	1	19	3

图 4-16[①]

以上问题也是大学生体质测试的主要影响因素，要改善大学生体质测试现状，需要从这些影响因素出发，逐一解决问题。

5.大学生参加体质测试的主观努力程度

影响大学生体质测试的各项因素中，最积极和最重要的因素是个体因素，受试学生的主观能动性、参与态度、努力程度等都会在很大程度上影响测试结果。一般以打分的形式来评价大学生参加体质测试的主观努力程度，由教师打分。设1、2、3、4、5五个分值，5分代表"非常努力"，1分代表"完全不努力"，中间分值介于两者之间。调查结果见表4-1。

表4-1调查结果显示：有8名教师给学生打2分，占23%，16名教师给学生打3分，占46%，10名教师给学生打4分，占29%；只有1名教师给学生打满分，占3%。最后平均分比中位数略高，说明大部分教师认为学生参加体质测试的总体主观努力程度一般。大学生之所以没有非常努力地参加体质测试，主要与以下几

---

① 史博强.石家庄市普通本科院校学生体质健康管理的研究[D].河北师范大学,2016.

第四章　大学生体质健康管理的现状分析与对策研究

方面的原因有关。

表 4-1　教师对大学生参加体质测试的主观努力程度的评分情况[①]

分值	教师人数	比例	均分
1	0	0%	
2	8	23%	
3	16	46%	3.11
4	10	29%	
5	1	3%	

第一,学生认为体质测试无非是例行公事,走个过场,认为学校对此不会很重视,所以自己也不会很努力地参与其中。

第二,学生平时没有养成锻炼的习惯,而参加体质测试必然要完成运动,所以学生产生了退缩心理。

第三,部分工作人员工作中态度不端正,消极懒散,没有给学生树立好的榜样,所以学生也想蒙混过关。

一些高校为了激发学生参加体质测试的积极性,将体质测试结果与学期末的体育成绩相挂钩,这就与学生的学分有了一定的关联。学生为了取得好成绩、获得高学分而参加体质测试,可见与学分挂钩的方法对激发学生参加体质测试的积极性确实是有效的。然而,因为每个人的身体情况天生就有差异,所以将体质测试成绩归入期末体育成绩中,对体质弱的学生不太公平。而且体质测试成绩也不能完全反映出学生的主观努力程度,体质好的学生可能不需要怎么努力就可以取得好成绩,而体质差的学生再努力也未必能取得好成绩。对此,可在大学生综合素质评价中将体质测试成绩作为一项参考,或多关注学生参加体质测试的过程及主观努力程度,以全面评价学生。

---

① 史博强.石家庄市普通本科院校学生体质健康管理的研究[D].河北师范大学,2016.

第三节　大学生体质健康管理存在的问题分析

一、高校体质健康管理流于形式

我国很多高校的领导都没有充分认识到大学生健康管理的重要性,而且对大学生健康管理的认识存在片面性和误区。高校领导与教师普遍认为文化知识培育才是教育的第一位,他们只注重知识教育与管理,而忽视了健康管理。一些教师认为大学里只是少数学生存在心理问题,只要对他们进行简单的疏导,便可以解决他们的心理问题,防止他们做出极端行为,没必要耗费大量的时间与精力进行系统教育和跟踪治疗。

高校设置的课程中,与学生体质健康有关的课程基本只有体育课,而且一般都是大学一二年级会集中授课,之后学生集中接受体育教育、参加体育锻炼的机会就很少了。普通高校的体育教学都比较简单,项目设置得很单调,教学方法和模式也比较单一,甚至体育课堂时间就是学生的自由活动时间。大学生体育课逃课现象也很严重,不喜欢上体育课的学生有很多。很多高校的体育器材也比较少,完全不能满足学生的体育锻炼需要,甚至都不能满足基本的上课需求,这也直接影响了学生上体育课和参加课余体育锻炼的积极性。此外,高校室内体育场馆平时很少向学生开放,冬季户外气温低的时候,操场上锻炼的学生就更少了,学生既不能去室内锻炼,也不想去室外锻炼,如果长时间不锻炼,必然会影响体质健康。

总体来说,高校并没有为大学生健康成长与发展提供良好的环境,很多高校只是表面相应上级部门的号召,但实际上并没有按照相关政策要求开展有关方面的工作,高校体质健康管理水平严重滞后于文化教育管理水平。

第四章　大学生体质健康管理的现状分析与对策研究

二、高校体质健康管理师资力量薄弱

健康管理师资力量不足、专业管理人员严重缺乏，这是大部分高校普遍存在的问题。当前，我国很多高校的健康管理人员都是本校的体育教师，他们"半路出家"，对健康管理相关知识与管理技能掌握得不够全面，在管理过程中对大学生的健康问题都不知如何进行有效干预，面对一些严重的健康问题时更是不知所措，无从下手，导致学生的健康问题得不到解决，健康需求得不到满足。

一些高校对健康管理不够重视，认为没必要配备专门的师资队伍来从事这方面的工作，只要找几个体育教师兼任健康管理工作者就可以了，但是这样的师资力量根本无法保证健康管理工作的落实，更无法取得良好的管理效果。

有些高校之所以缺少健康管理方面的专业师资，主要是受编制制度的影响，有些健康管理教师因为自身编制问题得不到解决，或者自身利益得不到保障，因而选择退出高校健康管理师资队伍，高校健康管理教师的流失是一个比较严重的问题。

三、大学生自我健康管理意识薄弱

现在的很多大学生都是家里的独生子女，从小到大都被父母宠爱，家长对孩子的管理表现在各个方面，可以说是包揽式管理，这在一定程度上影响了孩子的独立性。孩子步入大学，必然要离开父母，被父母从小管到大的大学生往往健康管理意识薄弱，照顾不好自己，甚至对自己的身体情况都不知道关心与爱惜，生活习惯不好，日常饮食不规律，经常吃垃圾食品，熬夜玩游戏，休息时间不足，最终导致体质下降。而且大学生自我管理能力较弱，如果没有人督促，一般就是在宿舍度过课余时间，很少去体育场馆锻炼，没有养成坚持锻炼的好习惯。长期缺乏锻炼也对大学生体质健康造成了严重影响。

此外,从小被父母过分呵护的大学生缺乏较强的抗挫折能力。大学生活纷繁复杂,他们一旦在学习、生活、恋爱中遇到问题,就会产生负面情绪,心理压力不断增加。很多大学生都不懂得自我调节,长期承受心理压力的学生会出现一系列心理问题,从而严重影响心理健康。

目前,很多大学生都存在心理问题。大学生出现了心理问题往往不会主动去学校的心理咨询室寻求帮助,也不与同学或辅导员沟通,最终导致问题愈演愈烈,造成更严重的后果。

第四节 改进与完善大学生体质健康管理的建议

一、提高对大学生体质健康管理的认知水平

首先,大学生体质健康管理现状之所以不容乐观,一个很重要的原因就是高校领导、教师及大学生对体质健康管理缺乏正确的认识和全面的了解。相对来说,高校领导和教师这方面的认知水平要比大学生高一些,但整体还需要进一步提高,需要对大学生体质健康管理的内容、流程等有更加全面的了解和深入的认识,从而更好地培养大学生自我健康管理的意识与能力,推动大学生体质健康管理的有序推进,提高管理效果。

其次,大学生自己要对体质健康管理的意义及重要性形成正确的认识,要积极参加学校组织的体检和体质测试,从而及时了解自己的体质健康状况。大学生平时也要多关注自己的身心健康问题,主动学习与掌握一些健康知识与保健技能,从而促进自身对体质健康管理的认知水平的提高,同时拥有良好的自我保健能力,对自己的健康负责。

再次,在大学生体质健康管理方面,高校有关工作人员应加

第四章 大学生体质健康管理的现状分析与对策研究

强对体质健康管理理论知识和实践技能的积极宣传,定期举办培训、讲座等活动。同时,高校领导也要注重对体质健康相关课程的合理设置,加强体质健康教育,为学生掌握体质健康相关知识与技能提供良好的平台。高校体质健康管理人员自身也要不断充实与完善自己,学习新知识,掌握先进技术,提高自身的业务素质,从而充分发挥自身的作用,为提高大学生体质健康水平而做出贡献。

最后,我国一些高校在大学生体质健康管理方面积累了丰富的经验,取得了良好的成果。各高校应积极向这些学校"取经",主动与这些学校交流,借鉴成功经验,以改善本校大学生体质健康现状。

二、尽可能满足大学生的健康需求,促进大学生体质健康水平的提高

首先,高校应从修建场地设施、培养师资队伍、设置相关咨询室、制定个性化运动干预处方等方面来尽可能满足大学生的多元化健康需求,这有助于高校顺利开展体质健康管理工作。需要注意的是,个性化运动处方的制定应由相关专家完成,高校在招聘体质健康管理方面的专家时,运动处方专业、体育测量与评价专业等方面的教师或工作者都应纳入考虑范围内,专业人才能够为高校大学生体质健康管理提供更好的服务。

其次,为了满足大学生对体育运动项目的兴趣爱好与参与需求,高校应在开展传统体育项目的同时注重积极引入新兴体育项目,同时根据大学生的兴趣和需求对一些难度较大的竞技项目进行合理改造,使大学生在体育运动锻炼中有更多选择。高校对体质健康相关知识与保健技能进行宣传的过程中,可借助体育课程这个平台。为了充分发挥体育课程的作用,高校应合理安排课程,不断丰富课程内容,同时培养体育教师在体质健康管理方面的理论素养与实践素养,进而提高大学生体质健康管理水平。

三、构建大学生体质健康管理的循环机制

大学生体质健康管理的过程是不断循环的,构建大学生体质健康管理的循环机制至关重要。

首先,高校必须积极落实上级的相关政策,科学制订大学生体质健康管理计划和实施方案,明确各部门及工作人员的具体职责,确保每环节的工作都能有序开展。

其次,体质健康管理工作者在收集大学生体质健康相关信息时,要认真负责,准确测量,科学评价,并及时相大学生反馈评价结果。通过体质测评了解大学生的体质健康状况后,进行有针对性的干预,干预方案要体现个性化。经过一段时间的干预后,再次对大学生体质健康状况进行测评,实施新的干预,形成一个良性循环。①

再次,高校体质健康管理工作人员要与大学生相互沟通、交流,大学生要积极配合工作,相关人员都要全力以赴、相互协作,从而形成合力,提高管理效果。

最后,大学生体质健康管理包括很多内容,除体质测试外,心理测试、生活方式管理等都是必不可少的,高校必须全面开展体质健康管理工作,不能将任何一项重要内容遗漏或删减。

四、提升高校体质健康管理工作人员的积极性

首先,及时发现体质健康管理过程中出现的问题,有针对性地解决问题。如针对设施缺乏的问题,应增加经费投入,加强设施建设,促进大学生需求的满足;针对大学生消极对待体质测试的问题,应加强宣传与教育;同时提高体质测试工作人员的职业

---

① 周李星.江苏省大学生体质健康管理现状调查与对策研究[D].扬州大学,2015.

第四章 大学生体质健康管理的现状分析与对策研究

道德和业务素质,使其严谨认真、高度负责地对待工作,这会给学生的参与态度带来积极影响。

其次,大学生体质健康管理的实施要按计划有序推进,所以在前期要制订好计划,要完善评估体系,并明确体质健康管理工作人员的权利、义务及职责,而且关于工作人员的待遇问题也要明确提出,要建立合理的奖惩机制,促进相关工作人员工作积极性的提高。

第五章 大学生体质健康管理方案与平台的建设研究

现阶段,构建大学生体质健康管理方案与平台,有助于协助各高校有序开展大学生体质健康管理工作,减少管理成本,提高管理效率。此外,对管理方案与平台的构建还有助于使教育主管部门更清楚地掌握大学生的健康状况,并预测大学生体质发展趋势,从而为进一步健全管理制度和完善应急体系提供依据。本章主要就大学生体质健康管理方案与平台的建设展开研究,主要包括健康管理方案的制定与应用以及健康管理平台的构建与运行。

第一节 大学生体质健康管理方案的制定与应用

一、大学生体质健康管理方案的制定目标

以"健康第一"为指导思想而制定大学生体质健康管理方案,主要目的是为大学生制订具有针对性的健身计划,并提出关于提高体质健康水平的要求和建议,通过传授健身知识与保健技能,使大学生了解科学健身的方法,形成"自我健康管理"的意识,养成健身锻炼的好习惯。

二、大学生体质健康管理方案的制定原则

(一)全面性原则

制定大学生体质健康管理方案,应对各相关因素及其影响予以充分考虑,尽可能使方案全面、完善。

(二)安全有效原则

提高大学生体质健康水平是制定与实施大学生体质健康管理方案的主要目的,因此管理方案中若涉及运动锻炼的内容,要特别考虑安全性和有效性,保证安全参与锻炼,提高锻炼的效果。

(三)便于调整原则

依据大学生的体质状况制定体质健康管理方案,并实施针对性干预。经过干预后,大学生的体质状况会发生变化,因此也要适时调整与修改体质健康管理方案,甚至需要重新制定方案,使之与大学生的体质健康现状更贴近。

三、大学生体质健康管理方案的内容与应用

大学生体质健康管理方案涉及的内容非常丰富,这里主要以体质健康管理的运动干预方案为例进行分析。运动干预是改善大学生身体机能与身体素质的重要路径,运动干预方案中主要包括两大部分,一是体育课堂干预部分,二是课外干预部分。

(一)课堂干预方案

体育课堂干预方案主要是针对大学生的身体素质(力量、速度、耐力、柔韧、灵敏)进行干预。下面是为期三个月(12周)的体育课堂运动干预方案。

1. 第 1~3 周

这是干预的过渡期，目的是使身体机能适应运动环境，为后期练习做准备，所以运动强度以中小强度为主，平均心率 120~140 次/分钟，短时间维持最高心率。

2. 第 4~6 周

和之前相比，运动负荷有所增加，平均心率 140~150 次/分钟，较长时间维持最高心率。

3. 第 7 周

这是测试阶段，主要针对身体机能和身体素质的一些重要指标展开测试，从而对大学生接受干预的效果有一定了解，并为调整干预方案提供依据。

4. 第 8~10 周

运动负荷达到最大，平均心率 145~160 次/分钟，较长时间维持最高心率，使机体不断适应大强度负荷。

5. 第 11 周

运动负荷较上一阶段有所减少。

6. 第 12 周

这是体能恢复阶段，主要是做一些恢复性练习。

在实施上述方案的过程中，各项身体素质的练习依次轮换，并根据测试结果调整干预内容与方法。方案实施结束后测试被干预者的体质健康情况。

(二)课外干预方案

课外干预是课内干预的补充与延伸，能够进一步拓展干预内

第五章　大学生体质健康管理方案与平台的建设研究

容,弥补课堂干预的不足,更好地帮助学生改善体质,提高健康水平。课外干预方案不仅包括运动干预,还包括培养学生的健康意识、引导学生形成正确的生活方式。

1. 健康意识培养

培养与提升大学生的健康意识和自我保健意识,使其养成良好的行为习惯。

2. 课外锻炼

(1)课间休息时间尽量到室外做伸展练习或一些体育小游戏。

(2)课外锻炼以有氧运动为主,中等强度,每周 3～5 次,每次半小时到 1 小时。

(3)大学生应根据自身体质状况灵活调整运动频率、时间,以不影响第二天上课为宜。

3. 生活方式引导

(1)饮食

三餐规律,食物搭配丰富,营养全面,注意补充优质蛋白,每天补水 1 500 毫升。

(2)睡眠

严格遵守学校制定的作息制度,无特殊情况不熬夜、不睡懒觉,养成午休的习惯,每天睡眠充足,保持良好的精力,从而提高学习效率。

第二节　大学生体质健康管理平台的构建与运行

智慧校园指依托物联网而实现校园管理的信息化目的。具体指借助云技术以及信息技术等建立智能化的校园信息服务平台,从而更好地监督与管理校园生活与学习等。智慧校园依赖于网络与信息化,有丰富而开放的信息与数据作支持,还能够提供特色化校园服务等。[1]

随着高校大学生数量的增加,其需求也越来越多元化,智慧校园能够使大学生的多元化需求得到更好的满足,因而其具有比数字化校园更大的优势,正因如此,智慧校园逐步发展起来。特别是高校教育与"互联网+"相结合后,智慧校园在高校的发展获得了极大的进步。当前,我国很多高校都在着手智慧校园的布局工作,内容涉及教师办公、学生管理、教学活动、科研平台等,这有力推动了高校管理机制的健全与完善,使高校管理更加便捷、高效。但随着教育信息化改革步伐的加快,高校智慧校园的发展也面临着一定的挑战。

本节主要以智慧校园为背景探讨大学生体质健康管理平台的构建、设计、运行及完善,并在最后简要分析高校参与式体质健康管理平台的构建与设计。

一、基于智慧校园的大学生体质健康平台的构建与设计

(一)大学生体质健康管理平台构建的可行性分析

1. 技术可行性

在智慧校园背景下,运用先进的开发工具和技术对新的体质健康管理平台进行开发,以构建大学生体质健康管理的新模式。在平台设计与开发中不仅可以应用 Java 语言、Eclipse 集成开发环境和 mysql 数据库,同时还可借助学校的校园网和计算机房,良好的技术环境为大学生体质健康管理平台的构建提供重要的

---

[1] 万益.基于智慧校园的高校学生体质健康管理平台探析[J].艺术科技,2019,32(03):222-223.

第五章　大学生体质健康管理方案与平台的建设研究

技术支撑和技术可行性。

2. 操作可行性

在智慧校园背景下建设大学生体质健康管理平台具有较强的可操作性,具体表现如下:

(1)教育部从政策与资金上大力支持,同时学校也给予了物质、人员和政策等各方面的支持。

(2)在智慧校园的建设中,大学生体质健康管理平台建设也是一项重要内容和任务,因此前者为后者提供了重要基础和便利条件,如提供了专业人员支持、先进技术支持以及宝贵的经验等。

(3)在大学生体质健康管理平台建设前期,技术人员和管理人员做了大量的准备工作,如整体构想、内容规划、关键技术分析、平台建设中可能遇到的困难和应对方案、平台试用及平台推广方案等。这些都为大学生体质健康管理平台的正式构建提供了重要的支持。

(二)大学生体质健康管理平台构建的需求分析

在大学生体质健康管理平台的建设过程中,要充分考虑多方面的需求,其对该平台的有效性具有决定性影响。具体需要考虑以下几方面的需求:

1. 用户需求

建设体质健康管理平台,必须关注用户主体,用户主体不同,则需求不同。大学生体质健康管理平台主要针对大学生,因此要全面分析与了解大学生的身心发展特点、体质现状及健康需求,从而基于此开发体质健康管理系统。

2. 功能需求

大学生体质健康管理平台的功能需求依附于用户需求,因为设置系统功能是为了满足大学生的需要,是在充分考虑大学生需求的基础上设置的,同时又要考虑不同地域和不同学校的差别,依据实际情况设置与完善系统功能。

3. 管理需求

管理是组织对所拥有的人、财、物、信息等的计划、组织、协调及控制的活动过程。高校管理中最主要的是对学生的管理,近些年来随着国家非常重视大学生体质健康,使得大学生体质健康管理在高校管理中逐渐占据重要地位。高校想方设法以更科学、更便捷的方式对大学生进行体质健康管理,提高大学生的体质健康水平。目前,并不是所有高校都有自己的体质健康管理系统,而只有查询大学生体质测试成绩的简单系统,或者利用国家学生体质健康标准数据与分析系统进行体质健康测试方面的管理。

4. 科技发展需求

高校管理对现代科技的依赖性越来越强,很多管理都呈现出网络化趋势,如学生成绩管理、学生选课、学生档案与信息管理等。但是目前还缺乏一个比较令人满意的平台来落实对大学生体质健康的管理。因此,大学生体质健康管理平台是顺应时代潮流的新生事物,需要高校加强对这个平台的构建。

(三)大学生体质健康管理平台构建的原则

1. 全面性原则

全面性指的是采集学生信息时尽量全面、完善,以基础信息采集为始,通过反馈信息采集构成连环通路,这体现了大学生体质健康管理的循环性,即收集、干预、反馈、再收集、再干预、再反馈。这是一个连续不断的过程。

2. 可行性原则

基于互联网技术构建体质健康管理平台,使用者可通过计算

第五章　大学生体质健康管理方案与平台的建设研究

机、手机等终端即时访问，操作界面具有人性化、简易化特征，平台具有很强的实用性。

3. 标准化原则

各个模块所采集的信息格式统一，选用量表、调查问卷及评分标准均源于权威教材或文献，从而为数据的分析与处理提供方便。

4. 扩展性原则

可根据要求更新与修改平台中的信息库，支持用户统计查询及数据传输，为丰富与完善平台留有空间。

5. 保密性原则

大学生健康信息涉及个人隐私，除拥有相应权限的健康管理人员可浏览查询数据外，其余用户均在自己的权限内查阅信息，相互之间互不影响，最大程度地保护用户的隐私。

(四)大学生体质健康管理平台的总体设计

对基于智慧校园的大学生体质健康管理平台进行设计，主要围绕大学生体质测试数据、学生使用这个平台功能与管理员管理这个平台而进行，从而使大学生体质健康管理平台切合实际，为相关人员提供便捷服务。另外，平台的设计主要从两方面着手，分别是功能模块与数据模块。

1. 功能模块

大学生体质健康管理平台的功能模块如图 5-1 所示，具体包括统计模块、导入导出模块、管理员模块、登录模块、学生模块五方面的内容。这五个功能中导入导出模块和管理员模块最难，前者的难点在于导入与导出数据，后者的难点在于对平台的整体管理和维护。

图 5-1[①]

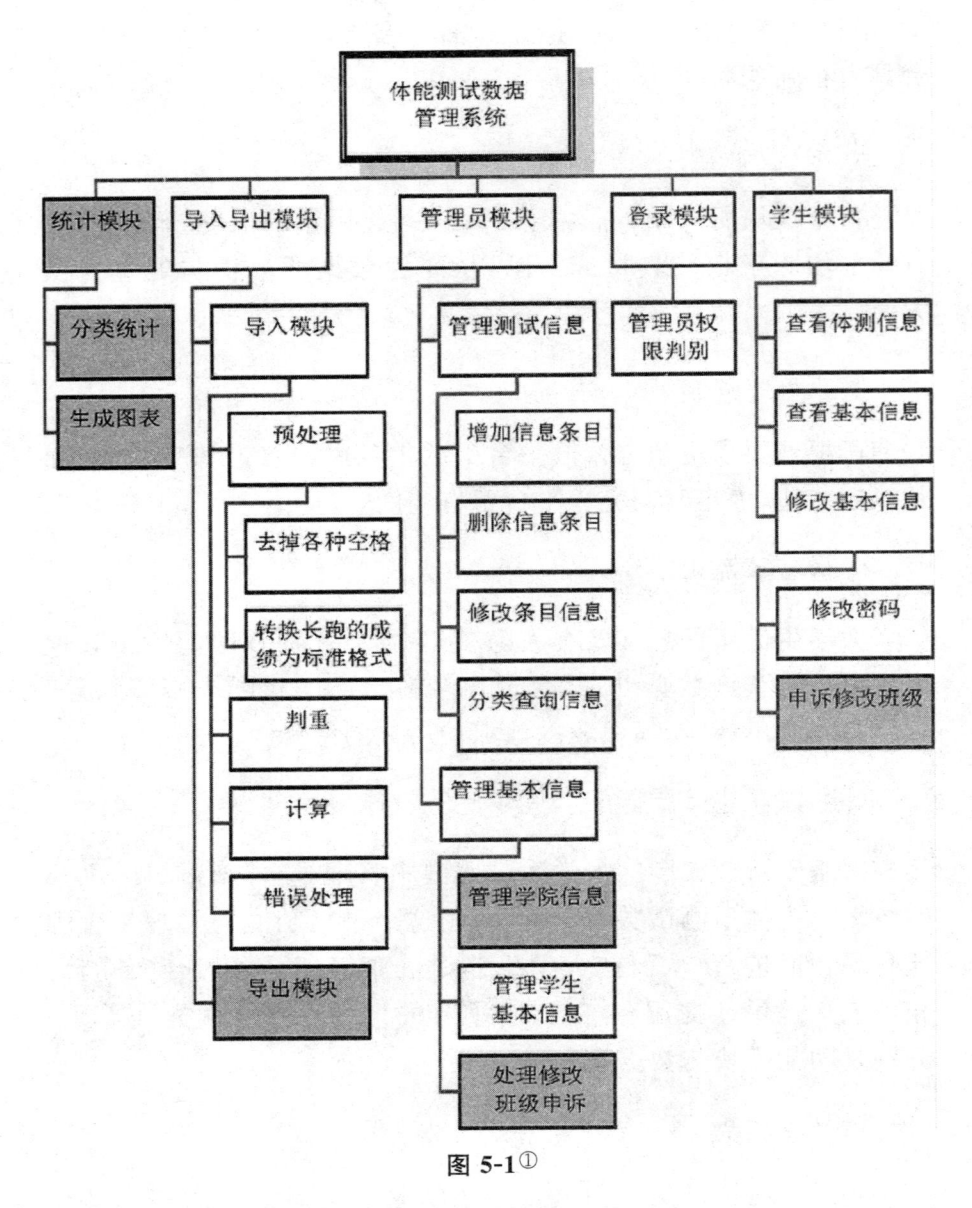

一般要参考国家学生体质健康上报系统来设置数据的导入与导出功能，并在此基础上进行改善，包括对体质健康数据上报

---

① 司苗杰. 智慧校园背景下高校学生体质健康管理研究[D]. 吉首大学，2016.

第五章　大学生体质健康管理方案与平台的建设研究

格式的改善，使上报格式更加简单化、多样化，可以分批上报数据。而且，对没有身份证的学生，系统可以自动生成一个临时身份证信息，这样可以正常上报数据。

对于管理员模块的难点，需要技术人员、政策以及资金的支持，如需要计算机专业人员设计和研发健康管理平台，需要教育部和学校的资金支持等。

2. 数据模块

大学生体质健康管理平台的数据模块主要是对顶层数据进行管理，包括管理员、学生、数据库三个方面的内容，如图5-2所示。这个模块的难点在于管理员要系统整理繁杂数据，主要表现为以下几个方面。

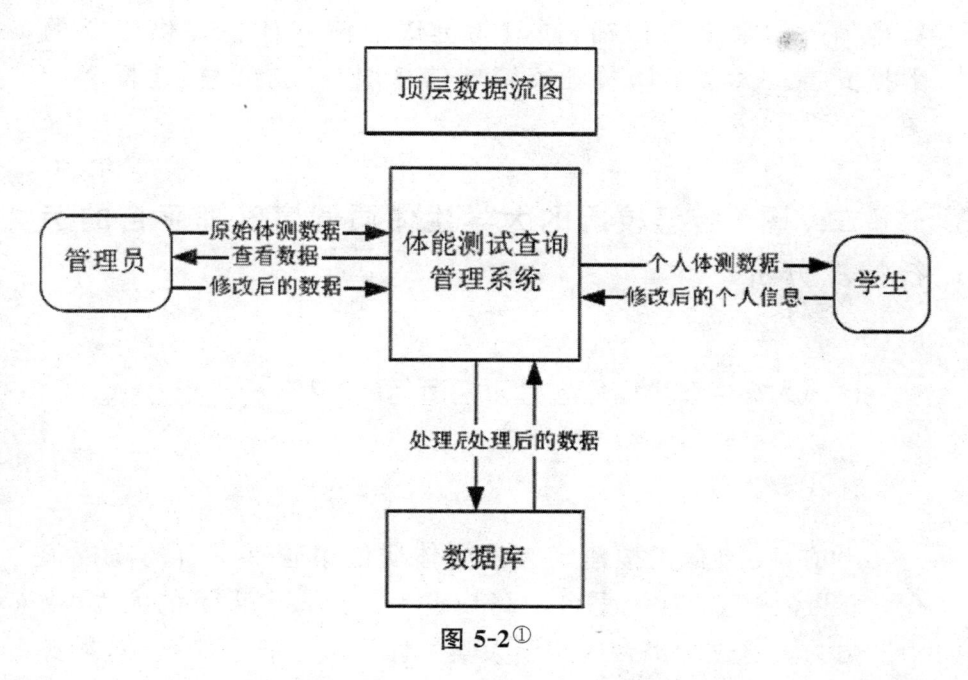

图 5-2[①]

第一，管理原始数据（用专门的测试工具测试出来且上传到

---

① 司苗杰. 智慧校园背景下高校学生体质健康管理研究[D]. 吉首大学, 2016.

电脑的数据),管理人员要用一个专门的操作软件将原始数据转换成学生看得懂的数据格式。

第二,按照不同的年级、院系、专业来分类整理转换后的复杂数据。

第三,修改学生数据,有些学生的体质测试是补考之后才通过的,需要管理员手动修改学生之前不达标的成绩,还要录入没有身份证的学生的体质测试成绩。

了解了大学生体质健康管理平台的总体设计构想后,能够基于此而搭建大学生体质健康管理信息服务平台的框架。搭建平台要以比较成熟的网络信息技术为依托,采用多模块相结合的形式设计内部功能,依据软件工程中高内聚、低耦合的设计理念构建模块,构建时摒弃高端服务项目,从整体上实现健康管理信息的采集与传播,同时为健康监测和评估提供必要的数据支持。大学生体质健康管理信息服务平台的构建框架如图 5-3 所示。

二、基于智慧校园的大学生体质健康管理平台的运行情况分析

(一)大学生体质健康管理平台运行的优势

1. 技术优势

当前,我国真正构建了大学生体质健康管理平台的高校很少,而已经构建了这一平台的高校也为此投入了大量的人力、物力及财力。将这个平台应用于大学生体质健康管理实践中,本身就是一种技术的创新和实践,它使大学生体质健康管理上升到了一个新的水平。

第五章　大学生体质健康管理方案与平台的建设研究

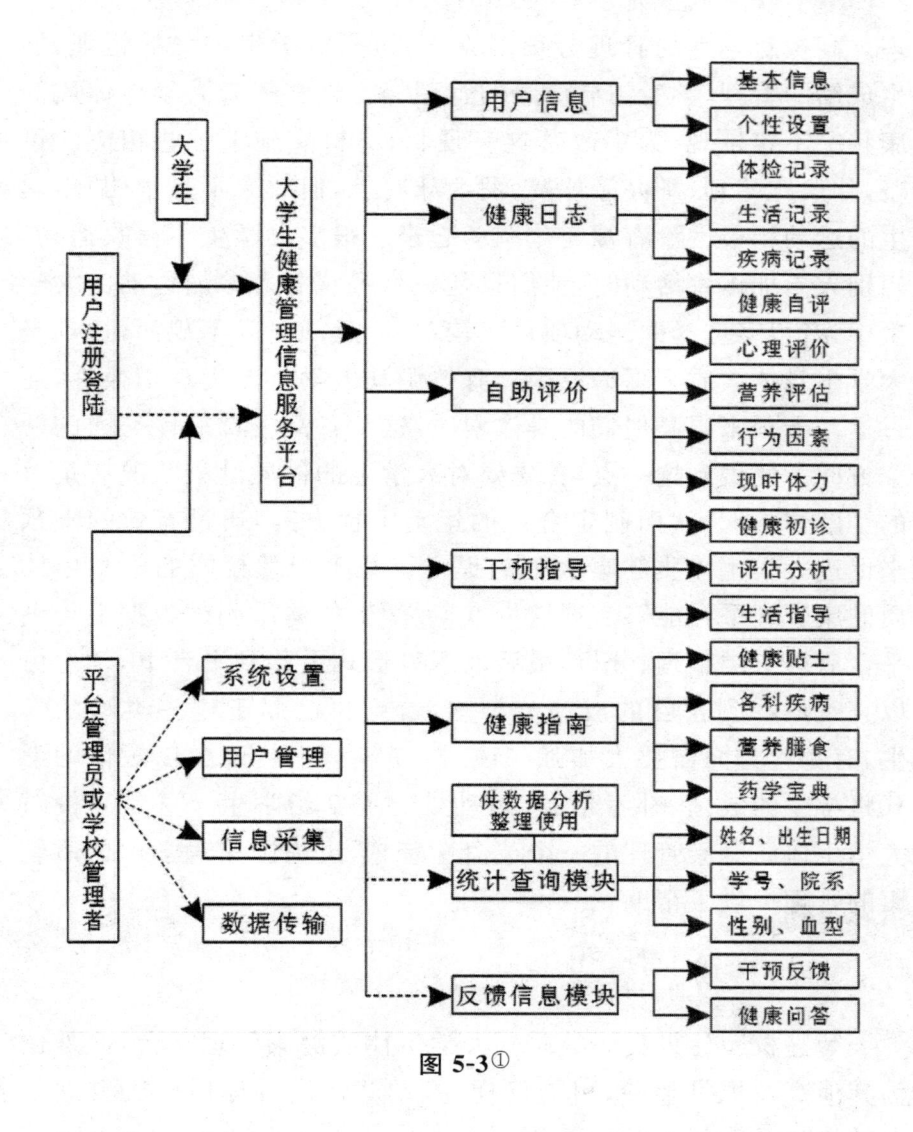

图 5-3①

2.管理优势

管理是高校办学非常重要的一个组成部分,高校的管理对象是学生、教师和学校的物资资源,其中最为重要的是对学生的管

---

① 张持晨,李霞,倪彦佩,郭丹,马晨光.大学生健康管理信息服务平台构建方法介绍[J].中国学校卫生,2014,35(06):952-953.

理。高校对学生的管理分很多方面,包括对学生课程的管理、学生成绩的管理、学生体质健康的管理等。近些年来大学生体质健康状况不容乐观,为了改善这一现状,高校实施了一些相应的策略,如晨跑签到、举办篮球赛、羽毛球赛等,但效果不是很明显,学生的运动积极性没有被充分调动起来。很多大学生不喜欢运动,当别人参加体育活动时,他们只是一个旁观者。参加运动的大学生中,有很多选择的运动项目比较单一,运动时间不规律,这都是大学生身体素质下降的原因。有效调动大学生的运动积极性,通过运动干预来提高他们的身体素质,这是各高校都应该努力的一个方向。要做到这一点,首先要对大学生的体质健康状况有足够的了解与掌握,从而制定合理的运动干预方案,通过有效的干预来促进大学生体质健康水平的提升。基于智慧校园的大学生体质健康管理平台能够实现这一点,大学生的体质测试数据上传到平台后被分类整理、分析,最后以图表形式上传到平台上,学生可以直观地看到自己的成绩分布图,看到自己属于哪一类型的学生,有哪些方面需要去加强与改进,同时该平台还会以短信的形式将学生的成绩、补考信息、运动处方通知给学生。这是高校对大学生体质健康管理的一个革命性跨越,也为国家对学生体质健康的管理提供了帮助。

3. 推广优势

智慧校园建设良好的高校大学生体质健康管理平台,此外也为其他高校提供经验,树立榜样,推动其他高校体质健康管理平台的构建及管理水平的提升。

第一,其他高校会效仿已构建大学生体质健康管理平台的高校进行体质健康平台的研发,提升本校的管理效率。

第二,已构建大学生体质健康管理平台的高校会给其他高校提供技术支持,实现资源共享,以更好地推广体质健康平台。

第三,体质健康平台在实践中的应用有助于使我国高校大学生的体质健康信息成为一个大的网络共享平台,各高校可随时关

第五章　大学生体质健康管理方案与平台的建设研究

注其他学校学生的体质健康状况，以便交流与探讨，共同商讨科学有效的方法来提升大学生体质健康水平。

（二）大学生体质健康管理平台的实施途径

1. 相关政策支持

高校中围绕体育工作出台的政策等是推进大学生体质健康的重要保证。学校应根据大学生的体质健康现状开展健康管理工作，核心在于促进大学生体质健康。在智慧校园建设下，高校应充分认识到，开发大学生体质健康管理平台既是扩展与补充智慧校园功能的重要举措，也是提升校园综合服务水平的有效途径。高校相关职能部门应依托智慧校园平台、整合学校资源，从而更好地构建大学生体质健康管理平台，并给予政策保障、资金支持，为该平台的顺利实施和快速发展创造便利条件。

2. 平台的运行机制

高校构建大学生体质健康管理平台，首先要考虑学生在这方面的需要，以体质健康测试为核心内容，借助现代科技优势，充分整合高校资源，通过产学研一体化模式，实现身体评价、健康干预、健康管理、教学服务等功能，以充分满足大学生的健康需要。

3. 平台的组织管理

在大学生体质健康管理信息化平台的构建中，高校应该根据自己的具体状况建立相应的组织机构，主要负责平台的管理与运行，并做好教师、学生、管理人员的联络和协调工作，兼顾学校体育工作发展与学生体质健康需求，兼顾体育教学与课程设置，在平台的研发、运行、维护以及推广等几个方面都应做到专人专任，确保该平台顺利、稳定地运行。

（三）大学生体质健康管理平台运行的现状与问题

大学生体质健康管理平台是高校依托信息化技术而开发并

已经在实践中被运用的产品,但这个产品的实际运用情况不容乐观。例如,网站浏览量最多的时候是学校体质健康测试完之后,很多大学生登录这个平台主要是为了看自己的体质测试成绩,重复浏览量较少,只有不及格的同学才会重复浏览这个平台,以获取关于补考地点和时间的信息。由于人力、物力、财力等资源的限制,体质健康管理平台的功能还在开发中,很多功能现在还不能满足学生的需求,短信通知功能的落实情况也不是很好。

作为新兴事物的大学生体质健康管理平台虽然给高校带来了很多的益处,但它确确实实存在一些问题,这些问题影响了其作用的发挥,只有认清这些问题,并进行具有针对性的解决,才能切实提升该平台的价值,使其发挥更大的作用。

大学生体质健康管理平台运行中存在的问题具体表现在以下几个方面:

第一,数据上报功能还处于试用阶段,用的时候不方便或不能成功运用各项功能的情况还是会经常出现,如不能成功运用学生成绩上报功能或数据分批和拼接功能等。

第二,在平台的试用阶段,很多功能还没有完全被开发出来,也无法发挥各项功能真正的作用,需要进一步改善,特别是要注重用户的需求,切切实实地为高校对大学生的健康管理提供方便。如年级的同年体质测试成绩的比较、某个同学每个测试项目的比较、同一个学生不同年份的体质测试成绩的比较等,这些都是用户迫切需求的东西,从这些方面加以完善后,这将成为该平台的亮点之一。

第三,由于功能不齐全和宣传不到位,体质健康管理平台的浏览量特别是重复浏览量较少,平台的利用率不够高。很多学生只知道这个平台有查询体质健康测试成绩的功能,却不知道它还有其他的多元功能。

第四,缺少互动板块,即教师和学生互动的板块,缺少这个板块,学生便无法自由表达观点,问想问的问题,并说出自己使用这个平台的感受和对这个平台的个人建议。

第五章　大学生体质健康管理方案与平台的建设研究

第五,平台布局不是很合理。这些不合理的因素,需要根据实际情况来对平台布局进行调整,使其更合理。如根据学生和教师对每个板块的使用率来判断哪些功能受欢迎,哪些功能不经常被用到,然后根据实际情况加以完善。

三、基于智慧校园的大学生体质健康管理平台的完善路径

(一)加强各方面的支持

大学生体质健康管理平台的建设与运行都离不开各方面的支持。在平台建设之前必须先得到学校支持和教育部门的支持,这两个方面的支持能够为大学生体质健康管理平台的建设提供良好的环境。

(1)教育部应提供政策和资金来支持大学生体质健康管理平台的建设。

(2)学校应提供人力、物力和财力资源来支持平台建设、平台管理与平台维护。

此外,大学生体质健康管理平台在运行中也离不开学生的支持,学生应从使用平台与反馈意见两方面对该平台的运行提供支持。

(二)根据运行中的反馈情况制定修改方案

基于智慧校园的大学生体质健康管理平台的反馈途径有以下几种:

(1)高校大学生基于亲身体验的反馈。

(2)高校教师的反馈。他们通过这个平台查看数据,和学生进行互动,从而进行评价。

(3)学校的反馈。学校通过使用这个平台来了解大学生的体质健康状况,并进行管理。

每个网络平台的建设都有一个试用期,需要经过试运行才知道它有哪些优势,存在哪些问题,然后有针对性地解决这些问题,进一步完善网络平台,再在实践中投入使用,这是一个普遍的过程。大学生体质健康管理平台的运行也要经历这样一个过程,先在学校内试用一段时间,看它在运行中会出现哪些问题,同时制作一些调查问卷让管理人员、教师和学生回答,了解不同主体在使用这个平台的过程中遇到了哪些不方便的地方,由专门人员收集、整理这些反馈内容,然后根据反馈提出修改方案。针对大学生体质健康管理平台运行中普遍存在的问题,需要从以下几方面加以改善:

第一,改善大学生体质健康管理平台的界面,调整页面布局,使它更加合理,同时把界面图标做得更加清新,将不常用的界面图标删掉。

第二,尽可能挖掘与开发大学生体质健康管理平台的功能,使该平台的功能更加完善,服务更加到位,从而给学生和学校提供更加便利的服务。

第三,不断改进大学生体质健康管理平台的数据上报板块,使数据的录入与修改更加便捷。

第四,增加教师与学生互动的板块,学生可以提出自己的疑问,然后由教师进行解答,再给学生一些运动建议。

第五,补充和完善大学生体质健康档案。学生的体质健康档案对学校和国家都有重要意义,对学校来说是对学生进行体质健康管理的基础,对国家来说是用来制定学生体质健康标准的依据。一般情况下,大学生的体质健康档案是在所有大学生刚进入大学时就已经在网上制作好的,在体质测试后会录入成绩。但大学生体质健康档案的信息不是一成不变的,因为大学生的体质测试成绩会变化,所以要随着实际情况的变化而不断补充与完善学生健康档案,只有这样才能给学校和国家提供更好的参考,才能给大学生提供更好的体质健康指导服务。

第五章　大学生体质健康管理方案与平台的建设研究

(三)加强创新

对大学生进行体质健康管理必须坚持与时俱进的原则,树立新的理念,学习先进理论和先进技术,紧跟时代的步伐。因此,构建大学生体质健康管理平台,一定要依托先进的网络技术,从而使健康管理更加便捷、高效。

大学生体质健康管理平台的建设和运行离不开创新和特色,创新体现在在技术、管理方式、平台功能等方面,只有创新才能真正推动大学生体质健康管理水平的提高,才能利用先进的科技和科学的方法对大学生的体质健康进行有效管理。

不同高校的体质健康管理平台的建设与运行不是千篇一律的,每个高校在大学生体质健康管理平台的构建中都需要充分考虑自己学校的实际情况,从而赋予这个平台不同的特色,体现出与其他高校体质健康管理平台的不同之处,彰显自己的优越性。

四、高校参与式体质健康管理平台的构建与设计

参与式强调参与式获得的价值和实践的意义,参与不仅是自身的目的,而且是在这个社会群体中共同分享资源、承担责任。用参与式方法构建大学生体质健康管理平台,能够弥补学校健康管理理论及建设方法的不足,更好地构建健康校园平台,为最终实现高校健康管理目标提供规划和建议。①

(一)高校参与式体质健康管理平台构建的意义

1. 应用性价值

主动参与对于个体健康干预、健康预防、健康管理都有积极

---

① 江群,陈永存,刘峰.参与式健康管理模式下健康校园平台的构建[J].运动,2017(17).

作用。比如个体的健康生活方式、自身健康需求、已有疾病预防、已有伤病的康复和残疾群体的健康管理。建立参与式体质健康管理平台对营造和谐、轻松的校园氛围具有重要意义。在参与式体质健康管理平台中，个人体质健康评估与监测以及运动处方是关键，这将对个体和群体后续健康促进及指导工作的进行造成直接的影响。因此，各高校要加强对大学生体质健康评估与监测系统的构建。

2.为健康管理和健康促进提供有利工具

对大学生的健康信息进行电子化管理，实现健康教育互动化和健康评估自动化，为学校统计与分析健康信息数据、实施健康管理和收集整理评估结果大数据提供工具。配合健康管理系统的应用，建设学校健康体适能实验室，避免传统校园静态管理模式中个体参与的被动管理和不治不防的缺陷，预防大学生形成错误的健康意识以及健康行为方式。[①] 通过参与式体质健康管理平台将个人和群体的健康教育有效结合在一起，构建科学化、系统化和信息化的大学生健康管理新局面，使大学生参与运动锻炼的积极性得到提高，从而达到体质健康促进和预防疾病的目的。

（二）高校参与式体质健康管理平台的模块设计

影响大学生体质健康的因素可以归纳为学校、家庭和社会三个方面。其中，学校扮演着重要角色，而家庭在平时的生活中对大学生的健康起着促进、教育及监督的作用，社会因素主要是指影响健康保障的医保政策。基于学校对大学生体质健康的重要影响，在高校参与式体质健康管理平台的设计中，应重点构建八个大模块，即用户信息模块、健康评估模块、保健记录模块、干预指导模块、统计查询模块、反馈信息模块、健康指南模块以及运动

---

① 江群,陈永存,刘峰.参与式健康管理模式下健康校园平台的构建[J].运动,2017(17).

第五章　大学生体质健康管理方案与平台的建设研究

处方模块。对这些模块进行设计后,要不断完善各模块的功能。

此外,在构建参与式体质健康管理平台的过程中,高校主管领导应沟通、协调高校各部门的工作,并为大学生构建体育健身体系、运动保健体系、医疗康复体系。校医院、体育部门及学校工会要协调配合,共同建立大学生个人电子健康档案库,以全方位分析大学生体质健康情况和干预结果。学校健康中心要为大学生制定合理的运动处方,提高大学生参与体育锻炼参与的积极性,保证体育健身工作开展的持久性。

第六章 大学生体质健康管理机制与创新研究

大学生体质健康水平近年来不断下降已是不争的事实,改善大学生体质健康现状,促进大学生体质健康发展已成为国家和社会高度重视的一个问题。为此,深入探索大学生体质健康管理的保障机制,加强对健康管理机制的改革与创新,促进改革管理机制的不断完善,不仅能进一步丰富大学生体质健康管理的理论体系,为大学生体质健康管理提供理论支撑与实践指导,还能为有关部门加强对大学生体质健康的全方位干预提供新的思路和参考依据。本章主要就大学生体质健康管理机制与创新展开研究,主要内容包括大学生体质健康管理机制的基础理论、管理机制存在的问题与完善策略以及管理机制的创新路径。

第一节 大学生体质健康管理机制的基础理论

一、大学生体质健康管理机制的分类

大学生体质健康管理机制包括宏观机制、中观机制和微观机制三种类型,它们犹如机械内部三种不同大小型号的齿轮紧密联系在一起,相互作用、相互影响,这种轮盘式的管理机制牵一发而动全身,每一环节都是其中必不可少的重要组成部分。

下面分别从宏观、中观和微观三个角度分析大学生体质健康

第六章　大学生体质健康管理机制与创新研究

管理机制。

(一)宏观机制

宏观机制是指从国家政府层面出发,对各个层级、对象进行协调管控,以政令决策等形式将各组织、各部分有效串联起来,通过建立标准、制定措施、综合评价等手段,发挥其在整个管理机制中的主要引导作用。[①]

从宏观管理角度来看,我国大学生体质健康管理机制比较传统,以纵向管理为主,实行三级管理机制,即"国家—地方—高校",教育部设立了全国学生体质健康监测中心、省级教育行政部门设检测站、市级教育行政部门设检测点。教育部出台《国家学生体质健康标准》(以下简称《标准》)实施办法,明确指出《标准》的实施是在教育部、国家体育总局的领导下,由各级教育行政部门管理,体育行政部门指导,学校组织实施。

按教育部要求,我国各级各类学校每年要通过中国学生体质健康网将本校学生体质测试数据报送至教育部"国家学生体质健康标准数据管理系统",上报时间期限为每年9月1日至10月31日。同时,教育部每年还会对各地实施《标准》的基本情况进行统计(按生源所在地),并以省、自治区、直辖市为单位公布基本情况。

(二)中观机制

宏观机制涵盖了中观机制,中观机制比宏观机制更详细、具体,多指由国家政府领导的下属行政单位对自身属性管辖范围内进行管理监督,对外同级部门、单位进行沟通互联,主要起承上启下的协调作用。[②]

从中观管理角度来看,在我国三级宏观管理机制下,市级教

---

① 匡泉.大学生体质健康管理机制创新研究[D].华南理工大学,2015.

② 同上.

育行政部门成立了专门的机构与领导小组,并安排专人负责,实行岗位责任制。同时,教育部门和体育部门分工合作,教育部门负责培训师资、组织测试、数据统计等工作,并从经费、器材等方面提供保障;体育部门负责的工作主要体现在指导、辅导、协调、监督和统计资料等多个方面。

在中观管理机制的运行中,各地教育行政部门在体质健康管理中的权力和职责已由教育部明确提出。教育部要求各地教育部门、体育部门按照《标准》对本地各级各类学校体质健康管理的工作情况进行监管,并将《标准》的实施情况纳入各级政府教育督导内容和评估指标体系中,作为对各地学校进行评优和表彰的依据,严格批评弄虚作假、徇私舞弊者,对情节严重者进行行政处分。

(三)微观机制

微观机制是宏观机制最基本的组成部分,二者是辩证统一的,微观机制对宏观机制的运行有直接的影响,宏观机制的建构又对微观机制的运行方向有引导作用,不同的微观机制之间因为构成要素的不同而呈现出个体性差异。

从微观管理的角度来看,各高校因地域、财政等多方面的不同而存在或多或少的差异,但基本相同的是:各高校大都是在学校分管校长的领导下,由学校体育部门(教研室)牵头,教务部门、校医院、院系协助下,对体质测试工作进行协调分工,从而完成大学生体质测试任务。不同部门的职责各有侧重,具体安排如下:

(1)校领导的职责主要是从整体上领导与协调体质测试工作。

(2)学校体育部门(教研室)的职责主要是规划与选取体质测试场地、操作与维护器材、培训体测工作人员、指导与管理测试过程、分析与上报测试数据等。

(3)教务部门与院系辅导员的职责主要是通知与组织受试学生,提供测试学生名单与学号等。

第六章　大学生体质健康管理机制与创新研究

(4)校医院的职责主要是派校医去现场配合测试人员的工作,应对突发状况,维护学生的安全,保证体质测试有序进行。

各高校在微观管理方面,主要以完成体质测试任务,上报体质测试数据为主,部分高校成立专门的测试机构,并指派专人负责,只有少数高校会在整理完测试数据后向学生提供反馈,让学生了解自身体质状况,并为其制定个性化运动处方。

二、大学生体质健康管理机制的特征

(一)行政分级

我国政府以行政分级式管理形式构建了层级式的"国民体质监测体系"。行政分级式管理的优势在于能够利用各级政府手段做到文件、标准的上传下达,在完成上级任务方面具有较强的执行力,但从中国学生体质健康网上公布的数据报告来看,虽然执行力强,但并没有与该执行力相匹配的控制力,整体上控制力比较弱。具体问题表现如下:

(1)学校方面,只完成上级交代的指标、任务,安于现状,不求进取,无过便是功,懒政问题严重。

(2)学生方面,学生群体认为测试和自己无关,只是学校为了完成教育部交代的任务,所以不积极主动地认真配合测试。

(3)以上问题导致大学生体质测试结果不容乐观,高校对大学生体质健康的管理效果甚微,大学生健康状况依然令人担忧。

(二)测试上报

我国各高校长久以来都是在教育部的要求下对在校大学生进行体质测试,测试结束后对测试数据进行汇总整理、系统录入,并在指定期限内通过网络平台将数据上报至中国学生体质健康网。教育部虽然也监督高校体质测试的实施情况,但也只是抽查部分学校的测试数据,看是否存在数据造假、失真等问题,抽查范围非常有限,而且在现实操作过程中,高校自行组织测试、自行上报数据的形式依然占主体地位。

教育部对高校提出了相应的评价要求,如大学生体质测试合格率低则不能评优,因为教育部对高校体质测试实施情况的监督本身就存在漏洞,因此部分高校为了不影响学校评优而私自篡改体质测试数据、虚报合格率,如何杜绝这些不良现象还有待进一步探讨。

(三)指导服务

指导服务是今后我国大学生体质健康管理的一个发展趋势,是在"大健康"背景下的一种由健康管理机构提供专业化指导、人性化服务的形式。从大学生角度来考虑,因为体质健康宣传普及不到位,所以很多大学生对体质健康的认识不足,平时锻炼也得不到专业性、针对性的指导。大部分高校还存在"为测试而测试"的现象,只有少数高校会对大学生的体质状况进行积极评价,并给予系统干预。

国务院于2014年发布《关于加快发展体育产业促进体育消费的若干意见》,明确指出发展体育事业和产业是提高中华民族身体素质和健康水平的必然要求,有利于满足人民群众多样化的体育需求、保障和改善民生,有利于扩大内需、增加就业、培育新的经济增长点,提出了把体育产业作为绿色产业、朝阳产业进行扶持,强调向改革要动力,向市场要活力。① 而我国健康管理处于起步阶段,市场需求广泛,要重视将健康管理引入高校大学生体质监测工作体系中,使高校大学生体质测试工作摆脱"只测不评、只评不控"的尴尬局面,使其为大学生提供切实可行的专业化测试、有针对性的服务指导,甚至在大学生毕业后依然进行跟踪式的健康管理,从而有效扭转大学生连续多年体质下降的不良

---

① 匡泉.大学生体质健康管理机制创新研究[D].华南理工大学,2015.

局面。

当前,我国在大学生体质健康管理方面具有较高研究价值和亟待解决的关键问题主要是如何使传统管理机制向新型管理机制过渡,这个过渡有什么优势,存在哪些风险等。

第二节 大学生体质健康管理机制的问题与完善

一、大学生体质健康管理机制存在的问题

当前,我国大学生体质健康管理机制主要存在以下几个方面的问题:

(一)协调机制开发不足

从大学生体质健康管理机制的组织运行架构来看,国民体质监测中心和各高校体质测试下设工作小组以及体质地方健康协会分属三条主线,三者之间是上下级直线型的领导组织关系,在工作过程中各自为战,交集很少。在大学生体质健康管理中,应以高校体质测试工作为突破口而开发协调机制,搭建合作平台,分享独到经验,加强政府机构、高校、社会组织三者之间的联系,形成互抓互促共管、协同创新的良好局面。

(二)监督机制不够完善

现阶段,我国大学生体质健康管理的监督机制还有待进一步完善,具体存在以下几个问题:

(1)我国教育部为方便各高校上报体质测试数据,要求高校通过账号直接将测试数据上报至中国学生体质健康网,越过了中间行政级别的监督,因此出现了因数据庞大、繁杂而难以进行核查等问题。一些高校为了评优而修改或胡乱上报测试数据,虽然

复查机制的实施能起到监督作用,但监督效果不是很好。

(2)我国高校有国家教育部直属高校、国务院侨办直属高校以及省教育厅分管等多种属性,其中市政府因管辖划分和级别限制,很难统一监督管理本市所有高校。

(3)在大学生体质测试过程中单独进行检查督导式的监督是远远不够的,部分高校为完成上级指派的任务而组织大学生体质测试,其实并不是真正关心大学生的体质健康情况,更不会在体质测试结束后进行评价与干预。

(三)预警机制处于缺失状态

大学生体质测试存在一定的风险,如经常出现大学生受伤事件,甚至是猝死等更严重的事件,这与我国在大学生体质健康管理中缺乏预警机制有一定的关系。

为防患于未然,建立风险管理和预警机制非常必要。教育部近些年取消了体质测试中的选测项目,规定要求800、1 000米中长跑为大、中学生的必测项目。由此可见,教育部进一步加强了对体质测试的要求,而不是因噎废食,彻底取消可能使大学生受伤的测试项目。为应对突发性安全事件,政府、高校要重视对预警机制的建立,加强风险管理,最大限度地降低意外伤害事故发生的可能性。

二、改善大学生体质健康管理机制现状的对策

(一)开发协调机制,实现交互管理

目前,大学生体质健康管理组织机构在架构上相对独立,需要进一步开发协调机制。从横向来看,地方体质监测中心与高校成并列状态,协调互助路径还未开发;从纵向看,地方教育部门、体育部门对下属的体质测试单位的管理以传统扁平式管理为主,协调路径还没有从根本上发生转变。开发协同路径,实现交互式

第六章 大学生体质健康管理机制与创新研究

的管理,有助于体质监测的管理者和执行者之间角色的互动,使体质监测的管理者真正参与到基层体质测试工作中来,也使体质监测的执行者更好地执行管理者的决策。因此,开发横向协调机制有助于促进不同体质监测单位之间相互合作与学习,开发纵向协调有助于促进体质监测管理者和执行者之间进行密切交流与互动,从而使大学生体质健康管理机制的运行更加顺利,实现内外组织结构的相互协调,以更好地开展大学生体质监测工作,提高大学生体质健康管理效率。

(二)转变监督机制,推进激励管理

转变监督机制,不仅仅是要加强对体质测试操作前、中、后各个阶段的监督,而且还要摸清部分高校存在的为测试而测试、只测不评等不良现象的原因,改变传统的惩戒管理方式(如测试数据合格率达不到要求,学校没有评优资格等),避免在大学生体质健康水平已经连续多年下降的情况下给高校体质测试工作增加过多压力,采用各种激励手段主动推进激励管理,调动高校的积极性,使高校在政府身上找到认同感与归属感,从而更好地开展体质测试工作。因此,新型的监督机制再配以激励式的管理将有助于进一步开展大学生体质健康管理工作。

(三)建立预警机制,加强风险管理

体育运动本身具有一定的风险性,虽然体质测试中的运动形式不激烈,也没有对抗性,但也存在风险。体质测试中的突发性安全事件本身就是对政府及高校工作能力的考验。地方政府和高校在体质测试方面缺乏预警机制和风险管理,政府没有相应的文件和措施来处理高校大学生体质测试中的突发性事件,体质测试中受试学生的安全得不到保障,针对这些问题,迫切需要加强对预警机制的建立,加强风险管理。具体从以下几方面落实:

(1)政府相关部门可通过统一购买保险、设立风险基金等方式,转移大学生体质测试中不可预知的风险,减少高校在体质测试中因客观存在的风险而承受的高额赔偿。

（2）高校应告知大学生预防潜在风险的重要性，并在测试前告诫学生不要空腹或饱食，要做好准备活动，着装要合理，从而预防运动损伤的发生。

（3）高校在体质测试中应配备必要的医疗预案，加强风险应急管理，减少损失，降低伤害程度。

三、大学生体质健康促进管理机制的完善策略

要完善大学生体质健康促进管理机制，应从体质健康促进管理机制的构成要素着手。具体包括以下几个方面：

（一）决策与组织机制的完善

大学生体质健康情况受到多系统、多层次因素的影响，其决策主体也比较多，如体育教师、辅导员、校长、相关领域专家团体、各级行政部门的负责人等，这就需要确定权利结构、责权利关系和组织体系。

1.要确定权利结构

明确教育、卫生、体育等部门之间的权力关系，清楚谁为决策主体，并合理分配权力。

2.责权利要统一

大学生体质健康促进的决策者要受到责任约束，并给予权力保证，同时享受对等利益。

3.构建组织保证体系

体质健康促进是一项复杂的系统工程，仅仅依靠行政部门和学校很难提高大学生体质健康水平，这需要政府作为管理领导主体，引导各组织积极发挥作用，协调开展工作。

第六章　大学生体质健康管理机制与创新研究

（二）激励与约束机制的完善

要提高大学生的体质健康水平，不仅需要政府出台激励制度或文件，还需要发挥家庭和社会的力量，需要运用物质激励、精神激励、制度激励、目标激励等多种形式来激发家庭、学校、社区等多方面的积极性。树立"健康第一"的思想，为大学生创造一个良好的体质健康发展环境。

在大学生体质健康促进管理中，要构建涉及利益、权力和责任的约束机制，管理者和组织者要利用权力对系统运行进行约束，有关部门也要约束组织管理者对权力的运用。此外，还要对体育部门、卫生部门、教育部门等有关部门的利益关系进行调节，把利益因素约束在一定范围内。

（三）运行与保障机制的完善

要完善大学生体质健康促进的运行与保障机制，需要政府、社区、学校、家庭和社会组织合理分配资源，充分发挥自身作用，促进机制的高效运行。

1. 政府出台政策文件，提供制度保障

建立大学生体质健康监测评价制度；完善体育公共服务体系；优化竞赛制度。

2. 社区多开展体育活动

社区利用体育场地设施资源，调动社会体育指导员的积极性，多开展体育健身活动，维护学生的身心健康。

3. 强调学校体育的重要性

高校要始终贯彻"健康第一"的指导思想，全面实施《标准》，确保学生每天锻炼1小时。体育课和课外体育活动是大学生学习体育知识与技能、养成终身体育意识、增强体质的重要途径。

因此,要努力提高体育教学和课外体育活动的开展质量,把健康素质作为评价学生全面发展的重要指标之一。

4. 发挥体育社会组织的作用

充分发挥体育协会、体育社团、非营利性体育俱乐部等体育社会组织的作用,构建多元化体育公共服务体系。

(四)评价与监督机制的完善

大学生体质健康促进是一项巨大的系统工程,需要对资金投入、人员配备等方面进行科学评价,并加强监督与管理,具体从以下几方面来落实。

1. 检测大学生体质状况

充分利用信息网络技术,通过建立监测管理网络系统和数据资源平台等方式来检测大学生的体质状况及变化趋势。政府部门要建立大学生体质健康检测站,履行体育公共服务职责,构建大学生体质健康监测网络体系。

2. 建立科学的评价机制

全面实施《标准》,政府部门进行全程跟踪评价。教师、家长和大学生本人也可以采取定量和定性相结合的方法对涉及体质健康促进的人员配备、体育场地设施、资金投入等情况进行评价。

3. 加强监督

学校、政府、社区等要建立自身的监督组织,加强对人、财、物等资源的监督;同时,还要充分发挥网络、杂志、报刊、电视等媒体的社会监督作用。

大学生体质健康问题已成为影响我国社会主义和谐社会建设、国家现代化建设和体育强国建设的一个重要问题,加强大学生体质健康管理刻不容缓。大学生体质健康促进是一项"功在当代,利在千秋"的伟大事业和宏伟工程,涉及营养、卫生、体育、健康等诸多领域,只有政府、学校、家庭、社区、媒体等单位和部门都给予高度重视,协同配合,形成合力,才能有效提高大学生的体质健康水平。①

第三节 大学生体质健康管理机制的创新研究

一、大学生体质健康管理机制创新的基础分析

(一)政府控制下大学生体质健康管理机制的弊端

我国政府十分关注大学生体质健康,针对这个问题开过很多会议,出台了多条政令、文件,屡次修订标准、办法,但大学生体质健康水平依然呈下降趋势,多年来没有得到有效遏制。高校按要求每年都会在规定时间内上报大学生体质测试数据,但空有测试数据,没有从行动上进行有效干预,这也是政府政策虽然施行多年、施行力度逐年加大却未能达到预期效果的一个主要原因。

我国大学生体质健康管理长久以来都处于政府机制下,由政府统一管理,这种管理方式容易导致大学生体质健康干预的效率低下、效益不佳等问题。目前,高校在大学生体质健康管理方面一直发挥主导作用,处于一种自我垄断状态,缺乏竞争机制,这也导致一些高校只是被动完成上级部门布置的体质测试任务,而没有真正关心对大学生体质健康的干预。和大学生体质测试工作相比,大学生体质健康干预的工作量更大一些,要投入更多的时间、精力,这也是高校在大学生体质健康管理中存在"重测试、重

---

① 寇现娟.青少年体质健康促进的管理机制研究[J].青少年体育,2016(01).

数据、轻指导、轻干预"这一不良现象的主要原因。

（二）将市场机制引入大学生体质健康管理的可行性

市场机制所具有的竞争性迫使企业管理者不得不及时更新技术、信息，以保证自己的产品、服务持续占有市场份额。相对于政府机制而言，市场机制拥有更强的自觉性和自主性，更加注重工作效率和效益，是政府机制的有力调节杠杆。同理，将市场机制引入大学生体质健康管理中，也能弥补政府机制存在的弊端，而且大学生体质健康管理本身具有公共产品属性，政府购买公共服务目前已成为社会管理的一个重要手段。同时，我国政府提倡进一步开放服务业，释放改革红利，凡是社会能办好的，尽可能交给社会承办，充分改善公共服务。而在大学生体质健康管理方面，虽然全国生产制造学生体质测试专业仪器的厂商比较多，但专门为大学生提供专业健康管理服务的企业、公司还比较少，很多健康公司主要为高端客户群体提供健康服务。因此，在大学生体质健康管理方面还有很大的市场开拓空间，从销售仪器产品过渡到提供测试服务还需要一个开发的过程。

二、大学生体质健康管理机制的市场化创新

（一）基于市场化的大学生体质健康管理机制的内容

在大学生体质健康管理中，可以在原来政府机制的基础上引入市场机制，采用市场机制杠杆对政府机制进行调控，由第三方健康管理社会组织或企事业单位为大学生提供专业化、针对性、全程式的健康管理服务，以增强大学生体质，促进大学生健康发展。作为服务购买方、标准制定方的政府仍然是管理的主体，购买方式主要是公开竞标，健康管理市场机构是服务的实施方，大学生群体是服务的受益方，三者可根据服务情况建立以结果为导向的合作关系。

第六章　大学生体质健康管理机制与创新研究

新型大学生体质健康管理机制要在政府立法的基础上进行规范运作，避免滋生权力寻租、私自转包等腐败现象；要制定公开透明的流程和信息机制，建立由政府、高校、大学生等多方组成的评价机制；要督促健康管理社会组织、企事业单位不断提高对大学生体质健康管理的服务质量，进而以改善大学生体质健康水平多年以来不断下滑的局面。

(二)基于市场化的大学生体质健康管理机制的优劣势分析

基于市场化的新型大学生体质健康管理机制的优势、劣势如图 6-1 所示。

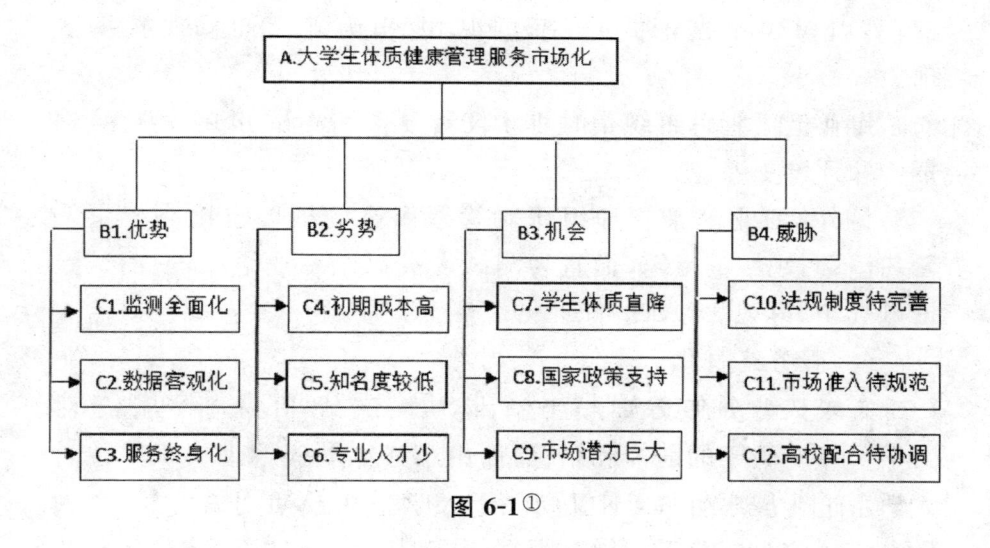

```
                A.大学生体质健康管理服务市场化
    ┌───────────────┼───────────────┬───────────────┐
  B1.优势         B2.劣势         B3.机会         B4.威胁
  C1.监测全面化   C4.初期成本高   C7.学生体质直降  C10.法规制度待完善
  C2.数据客观化   C5.知名度较低   C8.国家政策支持  C11.市场准入待规范
  C3.服务终身化   C6.专业人才少   C9.市场潜力巨大  C12.高校配合待协调
```

图 6-1 [①]

1. 优势

(1)监测全面化。

第三方健康管理机构实施的检测内容更加全面，具体从以下几方面体现出来：

第一，可以完成《标准》中规定指标的检测。

[①] 匡泉.大学生体质健康管理机制创新研究[D].华南理工大学，2015.

第二，可以完成学生健康体检任务。

第三，可以对慢性病等因素进行排查、控制，做到体质测试和健康体检相结合。

第四，可以通过健康检测、健康评估、健康咨询、健康指导、后续服务等方式对大学生进行更有针对性的测试和评价。

第五，可以为大学生制定个性化运动处方，提供更专业、全面的服务，满足大学生的锻炼需求。

(2)数据客观化。

大学生体质健康管理服务市场化后，其数据更加客观。政府购买第三方健康管理机构的服务，对大学生体质健康测试进行管理，可以避免测试形式化、不重视数据、为评优而修改数据等现象。

专业健康管理组织及时更新仪器设备和测试方法，而且数据报告和评价更专业。

另外，专业健康管理组织对管理人员的配置也比高校更多元，有不同领域的专家，而且为测试人员提供专业培训，使测试数据更真实、客观。

(3)服务终身化。

高校只针对在校大学生进行体质测试、评价与指导，缺乏对大学生体质健康的前馈和跟踪，而由第三方健康管理组织单位对大学生进行健康管理，不仅局限于大学生在校期间的管理，在大学生入校前和毕业后同样会根据情况对其进行健康管理，从而使健康管理服务贯穿大学生终身。

2.劣势

(1)初期成本高。

在大学生体质健康管理市场化机制的运行中，前期成本较高，需要购置很多仪器、设备、聘请相关领域的专业人才等，而以政府购买公共服务的形式对大学生进行健康管理，那么第三方健康管理组织单位对大学生这类业务群体的服务基本属于非营利

第六章 大学生体质健康管理机制与创新研究

性。如果从长远考虑,只要进入并占领了大学生健康管理的市场,当大学生毕业走向社会,入职成为员工或创业成为老板,就都将成为可挖掘的目标客户,还可根据其不同情况提供不同类型的健康管理套餐等,这样相当于四年的非盈利健康管理服务换取了大量的目标客户,从而为今后更持久的健康管理后续服务奠定基础。

(2)知名度低。

企业或机构想要开拓或进入一个市场,其品牌和产品的知名度起着关键作用,而健康管理传入我国的时间并不长,目前还是一个新兴产业,很多大学生在这方面缺乏基本的认识,一些体育教师了解过健康管理,知道健康管理的重要性和意义,可大都停留在思想认识层面,没有真正从实际行动上实施健康管理。因此,有关健康管理的协会组织、科研机构、企事业单位要积极对健康管理进行宣传和推广,使更多的人了解健康管理服务,享受健康管理服务。

(3)专业人才少。

健康管理在我国刚刚起步,这方面的专业人才在我国严重缺乏,目前我国健康管理方面的专业人才主要是和健康学科有关的教授、专家,缺乏对后备人才的系统化、专业化培养。

(三)基于市场化的大学生体质健康管理机制的发展机遇与威胁分析

前文图6-1中也显示了基于市场化的新型大学生体质健康管理机制运行的机遇与遇到的威胁,下面逐一进行分析。

1.机遇

(1)大学生体质下降。

面对大学生体质健康水平近年来持续下降的问题,市场当然不能静静等待其触底反弹,而是要抓住时机进入大学生体质健康管理服务市场,弥补政府机制的不足,有效遏制继续下降的趋势,促进大学生体质健康。

(2)国家政策支持。

大学生体质健康管理机制的市场化改革离不开国家政策的支持,国家政策支持是新机制运行与发展的先行条件。美国早在1969年就将健康管理纳入国家医疗保健计划,而我国政府近期也出台了《关于促进健康服务业发展的若干意见》《关于加快发展体育产业促进体育消费的若干意见》多个政策文件,大力提倡发展健康产业、体育产业等新兴绿色产业,保障人民健康,促进体育消费。文件提出,到2020年健康服务业总规模达到8万亿以上,2025年体育产业总规模超过5万亿元。① 同时,我国政府领导强调改革创新,提出在教育、卫生等公共事业领域大力改革管理机制,加大投入来购买公共服务,简政放权、释放改革红利。大学生体质健康管理服务的市场化刚好与我国政府今后的工作方向相一致,因此具有很大的可行性。

(3)市场潜力巨大。

美国享受健康管理服务的人多达70%左右,而我国享受这项服务的人在全国总人口中所占的比例还不到0.1%,可见健康管理产业在我国拥有巨大的市场潜力。大学生健康管理服务市场有庞大的市场群体,不仅包括入学前的大学生、在校大学生以及毕业后的大学生,还包括大学生的家人等,他们是潜在客户群体,以高校大学生市场作为基本市场,在此基础上采用多元化经营战略,还可开发企业员工、政府公务员等潜在市场。

2. 威胁

(1)法规制度待完善。

我国是法治国家,只有用法律、法规手段对政府、市场进行约束,才能更好地开展大学生体质健康管理服务。但目前我国这方

---

① 匡泉.大学生体质健康管理机制创新研究[D].华南理工大学,2015.

第六章　大学生体质健康管理机制与创新研究

面的法规制度不够完善,法规流程也不够健全,因此容易滋生腐败现象。

(2)市场准入待规范。

市场准入不规范,健康管理服务的质量就得不到保证,因此要积极设立市场准入门槛,如资格认证、资质评定等,以免造成市场的无序竞争。

(3)高校配合待协调。

在高校协调配合方面,要将高校和第三方健康管理机构的关系处理好,建立合作关系,共同为在校大学生提供服务。由第三方健康管理机构对大学生进行体质健康管理具有以下优势:

第一,减轻高校的资源压力,分担高校的体质健康管理任务,使高校更好地完成教学任务。

第二,弱化了高校承担的风险,实现了风险转移,第三方机构作为体质测试方、健康管理方将承担主要风险。

(四)基于市场化的大学生体质健康管理机制创新发展的战略选择

通过分析新型大学生体质健康管理机制的优劣势及发展机遇与威胁,可以得出一个结论,即要推动新管理机制的创新发展,就要采取增长型战略。也就是利用市场机制的优势,向政府部门以及大学生群体进行健康管理方面的宣传,加强普及与推广,逐步向大学生体质健康管理服务市场渗透,并把握政府出台相关政策的好机会,加速开发和占领潜在市场。

第七章 大学生体质健康的营养与教育干预路径

合理营养能够使大学生增强体力,发展智力,提升免疫力,预防疾病,同时还能提高学习效率,因此从膳食与营养方面对大学生体质健康进行干预具有重要意义。此外,高校健康教育直接影响大学生健康理念与健康行为习惯的养成,科学系统的健康教育有助于促进大学生健康生活方式的形成和身心健康水平的提高。所以说健康教育同样是必不可少的干预手段。本章主要对大学生营养干预与健康干预展开研究,以期为提升大学生体质健康水平探索科学有效的路径。

第一节 营养与大学生体质健康

一、营养与健康的关系

营养指的是人从外界摄取食物,经过消化、吸收和新陈代谢,利用食物中机体所需要的物质而维持生命活动的整个过程。人体的营养过程是从摄取食物开始的,一般将通过饮食获取营养的过程称为膳食营养或饮食营养。[1]

---

[1] 章明明,杨铁凡,陶剑飞.大学生生理与心理健康教育[M].北京:科学出版社,2009.

第七章　大学生体质健康的营养与教育干预路径

人们获取健康与维持健康离不开合理营养。营养不足或营养过剩都对健康有不良影响。对一个人的营养状况进行评价,主要从两方面着手,一是评价热量的总摄入量,判断其是否能够维持生命活动,二是评价食物的营养结构,判断食物中不同营养素的比例是否合理。只有摄取的食物中各种营养素搭配合理,比例适宜,才能满足机体所需,并能对心血管疾病等常见慢性病进行有效预防。此外,一些营养缺乏病和地方病的发生与膳食中微量元素的搭配比例也有直接的关系。因此,评价人的营养状况,也要对膳食中的微量元素含量及比例进行衡量。

有关学者指出,我国居民每天从食物中摄入的总热量能够维持机体生命活动,但食物的营养结构不合理,表现为蛋白质和脂肪的比例偏低,糖类比例偏高。此外,日常饮食以谷物为主,虽然对预防慢性病有帮助,但蛋白质成分少,营养不均衡,最终还是会对身体健康造成不利影响。所以,只有做到合理营养与膳食平衡,才能有效提高健康水平。

二、高校普及营养学知识的必要性

(一)营养是大学生学习的基础

大学生处于生长发育的旺盛时期,大学生的营养情况直接影响其生长发育、学习效率、生活能力以及抵抗疾病的能力等。现在,我国大学生的日常饮食存在一些突出的问题,营养水平总体比较低,如膳食主要是粮谷类,缺少蔬菜、水果和动物性食品,优质蛋白质摄入比例明显偏少,而且摄入蛋白质时忽略了禽肉类、水产类等其他富含蛋白质的食物。大学生缺乏营养知识,对食物的选择与搭配都达不到标准化要求,导致营养不良或营养过剩,从而影响了身体健康,进而影响了学习。

(二)营养是大学生学习的保证

大学生的营养状况直接影响其成人期的总体健康水平,大学生的身心健康又与中华民族的未来发展及整体素质有直接的关系。大学生的不良营养行为习惯是造成这一群体营养不良发生率较高的主要原因之一。大学生的不良营养行为习惯主要表现为不吃早餐、饮食不规律、吃过多零食、挑食、偏食、盲目节食等。大学生之所以养成了这些不良饮食习惯,一方面与学校的食物供应有关;另一方面主要是因为他们缺乏营养知识,没有充分认识到营养的重要性。可见,在高校面向大学生群体普及营养学知识十分必要,而且必须抓紧落实。

高校在总体教育规划中纳入营养教育计划十分重要,对大学生进行营养教育,丰富其营养知识,使其树立正确的营养观,养成良好的饮食习惯,这对促进大学生身体健康、智力发展、学习效率的提升及全面发展具有重要意义。

三、大学生需要的营养素

营养素是机体生长发育和新陈代谢所必需的物质,主要从食物中摄取,包括糖类、蛋白质、脂肪、维生素、矿物质、水、膳食纤维。这些营养素相互之间联系密切,并在机体代谢中各自发挥不同的作用。不同类型的食物所包含的营养素不管是数量还是种类,都是有差异的,人们不可能从单独的一种天然食物中补充机体所需的全部营养,只有合理搭配食物,同时补充多种食物,才能达到均衡营养。

下面具体分析大学生需要补充的几种营养物质。

(一)糖类(碳水化合物)

人体热能主要来源于糖类。补充糖类食物时,要以血糖浓度保持在一定范围内为宜。补充过多时,可能会使血糖转化为脂肪,增加体重,甚至造成肥胖;补充较少时,体内部分蛋白质和脂肪可转化为血糖。如果体内的血糖长期超过适宜范围的最高限度,则容易引发糖尿病,而如果血糖长期低于适宜范围的最低限

第七章　大学生体质健康的营养与教育干预路径

度,严重供应不足,则会出现低血糖症状,如心悸、头晕、强烈饥饿感、冒冷汗,甚至引发低血糖休克。因此,补充糖类,要使体内血糖浓度保持在相对稳定、适宜的范围内,这有助于提高神经系统尤其是大脑的活动效率。

(二)蛋白质

蛋白质是人体的重要组成物质,是人体细胞、组织、器官的基本构成成分之一,也是人体的重要修补原料之一。蛋白质是激素、酶、抗体和血浆蛋白质等人体体液成分以及人体热能的重要来源。因此,蛋白质是非常重要的、人体必不可少的营养物质。氨基酸是组成蛋白质的基本成分,除人体必须氨基酸需要从食物中获取之外,其他氨基酸由人体自己合成。

如果人体摄入的蛋白质较少,无法满足机体需求,机体结构中原本的蛋白质就会被消耗,以补偿机体所需,这会引起一些蛋白质缺乏症状,如生长发育速度减慢,体重和免疫力下降,身体疲乏等。但过多摄入蛋白质也不合理,会增加肾脏负担,影响肾脏功能。

(三)脂类

脂类食物能够提供大量的热能,满足机体所需。甘油、脂肪酸是脂肪的重要构成部分,其中脂肪酸有饱和、不饱和之分。动物性油脂中富含饱和脂肪酸,过多食用会提升血液中的胆固醇含量。胆固醇是类脂的一种常见形式,其具有合成类固醇激素等重要生理功能。需要注意的是,在机体代谢中,胆固醇易与饱和脂肪酸结合,从而引发心血管疾病,如动脉粥样硬化等,所以摄入胆固醇时一定要控制好量。一般来说,植物性油脂中富含不饱和脂肪酸,人必须从食物中摄取机体无法自己合成的多元不饱和脂肪酸,这也是植物油具有较高营养价值的主要原因。但要注意的是,补充植物性油脂要控制好量,如果摄入过多,则会在体内氧化,因此而产生容易使人衰老的过氧化物。

(四)维生素

维生素是低分子有机化合物,人类生命活动的正常运转离不开丰富的维生素。维生素的作用主要从生长发育、机体代谢中体现出来,其没有提供热量的功能。

维生素的分类见表7-1。

表7-1 维生素的分类及特征

分类	内容	特征
水溶性维生素	维生素B族 维生素C 叶酸 烟酸 胆碱 泛酸等	可溶于水,只有少量储存于体内,主要从食物中补充,补充不足易出现维生素缺乏症
脂溶性维生素	维生素A 维生素D 维生素E 维生素K	脂肪组织中存储较多,通过胆汁排出,摄入过多可引起中毒

(五)矿物质

人体组织中可检测出的元素有70余种,其中以有机化合物形式存在的元素有碳、氮、氧、氢,除了这些元素外,其余统称为矿物质,矿物质元素在人体组织中的分布呈现不均匀性。机体不能自动生成矿物质,需要从食物和水中补充。补充矿物质需要将其浓度控制在适宜范围内,从而为人体生理活动的正常运行提供保障。人体内缺乏矿物质会诱发疾病,危害健康,如缺锌会影响生长发育和免疫力、缺铁会引起贫血、缺碘会引起甲状腺肿大。

(六)水

水是人体内各种营养物质的载体,人体运输营养成分必须通过这个载体才能完成。水也是人体吸收与消化食物的基础物质。

第七章　大学生体质健康的营养与教育干预路径

机体内较多的热量都能被水吸收,这是体温保持稳定且波动小的主要原因之一。科学补液对人体健康非常重要。正常情况下,人体每天摄入与排出的水分是平衡的,都是 2 500 毫升。人要少量多次饮水,不加节制地过量饮水会增加机体器官的负担,而且频繁排尿也会带走机体中的很多营养物质,这不利于人体健康。

(七)膳食纤维

膳食纤维是不被人体消化、吸收的多糖和木植素。增加饱腹感、改善肠道、防止肥胖是这类营养物质的主要功能。

植物性食物是膳食纤维的主要来源,人要适当摄取膳食纤维,不要一次补充过多,否则会对食物的消化与吸收率以及机体对其他微量元素的吸收造成影响。

四、大学生的食谱编制及膳食安排

(一)编制食谱

1. 编制原则

(1)食物多样、搭配合理。
(2)营养充足、合理、平衡。
(3)三餐热量比例分配合理。
(4)符合饮食习惯,合胃口。
(5)食品卫生达到标准。
(6)食物价格合理。

2. 编制步骤

(1)将一天的热能需要量确定下来。
(2)对三大营养素的需要量进行计算。
(3)将三餐的热能比例确定下来(全天热能总量中早餐、午餐、晚餐的热能各占 30％、40％、30％)。

(4)参照食物成分表确定要摄入的食物种类。

(5)对每餐的食物进行合理搭配,主食、副食的类型、比例都要搭配合理。

(二)膳食安排

1.每日膳食量

大学生新陈代谢旺盛,朝气蓬勃,活泼好动,所以对营养素的需求量较多一些。大学生每日膳食量及食物种类可参考表 7-2。

表 7-2 大学生每日膳食量参考表

食物种类	适宜量
主食	300～500 克
畜禽肉	50～75 克
蛋类	50～75 克
鱼虾	50～100 克
蔬菜	500 克
水果	200～400 克
大豆及坚果	50 克
牛奶	500 毫升
油脂	≤30 克

大学生每天只有从丰富的食物中补充多种营养素,并达到适宜的量,才能满足机体所需,为学习打好身体基础。在考试期间,大学生可适当增加蔬菜、水果、蛋类、鱼类等的补充量,这样有助于满足用脑需求,也能促进睡眠。

2.食谱示例

下表是适合女生参考的食谱。

第七章　大学生体质健康的营养与教育干预路径

表 7-3　女生一日食谱示例

一日三餐及加餐	食物种类及补充量
早餐	(1) 牛奶 250 毫升 (2) 玉米面馒头 100 克 (3) 白水煮鸡蛋 1 个
上午课间加餐	水果 300 克
午餐	(1) 大米饭 150 克 (2) 紫甘蓝 1 份 (3) 黄瓜木耳肉片 1 份 (4) 番茄汤 1 小碗
下午课间加餐	坚果 50 克
晚餐	(1) 南瓜米饭 100 克 (2) 芹菜豆腐干 1 份 (3) 糖醋带鱼 1 份
晚自习后加餐	牛奶 250 毫升

五、大学生常见不良饮食行为

科学的饮食与合理营养有助于促进大学生身体健康,提高学习效率,但因为很多大学生掌握的营养知识少,而且对合理营养与科学饮食的重要性认识不到位,所以养成了一些不好的饮食习惯,影响了身体健康。以下一些不良饮食行为在大学生群体中比较常见。

(一) 挑食或偏食

关于偏食或挑食的坏处,很多大学生都是有一定认识的,但依然有不少学生存在这样的问题,如不喜欢喝牛奶、不爱吃蔬菜或只吃几种单调的蔬菜、没有吃时令水果的习惯等。长期如此,体内营养物质很容易失衡,从而影响身体健康。大学生一定要注意补充丰富的食物,全面补充营养。

(二)喜欢吃零食和快餐

很多大学生都喜欢吃快餐和零食。吃零食可能是从小养成的习惯,多数大学生对高盐、高糖、高脂和高味精零食"情有独钟",这些零食中的添加剂比较多,没什么营养价值,经常食用对牙齿有害,而且容易造成肥胖。

大学生吃肯德基、麦当劳等快餐与西方饮食文化在我国的传播有关。快餐食品中含有比较多的脂肪,热量高,而矿物质和膳食纤维含量很少。以一份含有汉堡、薯条的麦当劳快餐为例,总热量大约是 1 185～1 466 千卡,其中 40%～59% 的热量是脂肪提供的,而维生素含量、矿物质含量远远没有达到合理膳食推荐标准。所以说这些快餐营养价值低,长期食用不利于身体发育。

(三)吃饭时玩手机或电脑

对当代大学生来说,手机、电脑就是日常用品,大学生一天中有很长时间都在接触手机或电脑。食堂里到处都能看到边吃饭边玩手机的学生,这种行为对健康不利,所以不提倡。吃饭就应该专心一点,集中注意力,这时玩手机会分散注意力,不利于机体对食物的吸收与消化,影响食物的吸收率,而且对肠胃功能也有不利影响,长期如此容易引起胃肠道疾病。此外,一些大学生沉迷于网络游戏,甚至到了抽不出时间吃饭的地步,饿的时候胡乱吃一些零食或随便吃几口饭,这样很容易营养不足,影响身心发育与体质健康。

(四)喜欢吃街头食品

高校附近的食品摊点非常多,小吃很丰富,但整体卫生状况较差,大都没有卫生保证,如从业者没有卫生许可证、健康证,食材不干净,食品中含有大量添加剂,餐具没有采取消毒措施等。有些食品"色、香、味俱全",诱惑力很大,其实是用了色素和添加

第七章 大学生体质健康的营养与教育干预路径

剂,这是卖家降低成本、扩大销售、增加利润的惯用伎俩。大学生长期食用这些不卫生的食品,会严重危害身体健康。

(五)过多摄入烧烤类食物

高校附近有很多烧烤摊点,卖各种烧烤食品,如熏肉、熏鱼、烤羊肉串、烤肠、烤鱼片等,颜色鲜亮,阵阵飘香,风味独特,很多大学生对这样的"美食"毫无抵抗力。烟熏烧烤类食品中含有一些容易致畸、致癌、致突变的有害物质,对人体健康的危害很大,长期吃烧烤食物容易诱发胃癌、肺癌、乳腺癌等严重疾病,危害生命安全。

(六)用饮料代替白开水

当前市场上销售的饮料非常多,五花八门,有些饮料的广告做得非常好,成功吸引了大量的消费者,大学生就是其中的消费群体之一。当代大学生在饮水上呈现出重口味、轻实质,图方便,怕麻烦的特征,具体表现为不喝白开水,靠饮料解决口渴问题,这是非常不好的习惯。长期喝饮料的危害如下:

第一,很多饮料的含糖量都比较高,长期饮用会损坏牙齿,易肥胖和患糖尿病。

第二,大学生对碳酸饮料饮用过多不利于骨骼的生长,会影响骨骼的坚固性,骨折的几率较高。

第三,对汽水类饮料的过量饮用会造成胃部饱胀,影响食欲和肠胃功能。

第四,一些饮料中含有很多合成色素、防腐剂或香精,长期饮用这类饮料对肝肾功能有损害。

从健康角度出发,补液最好的选择是白开水,白开水中的矿物质和微量元素含量丰富,能够满足机体对营养的需求。而且白开水除了能解渴外,还有其他一些重要功能,如输送养分、调节体温以及消除体内废物等。鉴于白开水的营养功能和饮料的危害,建议大学生平时少喝饮料,多喝白开水。

(七)盲目节食减肥

过度节食减肥的问题主要出现在女大学生群体中。青春期女生步入大学后,审美意识发生变化,追求骨感美,为了穿上时尚的衣服或吸引异性的注意,通过节食来减肥。有些女生不吃肉,有些女生完全不吃晚餐,或用蔬菜水果代替正餐,长期这样节食减肥会造成严重后果,如厌食、贫血、脱发、月经不调等,而且饮食不规律、吃得少会造成营养素的缺乏,从而使新陈代谢紊乱,抵抗力下降,容易引发一些疾病。

女大学生应该对节食减肥的危害有正确的认识,要树立正确的审美观和科学的健康观。我们不提倡枯瘦之美、骨感之美等病态美,而提倡健康美、协调美。所以,大学生要高度重视合理营养的重要性。有减肥需求的女大学生应采取科学的减肥方式,以运动锻炼为主,配合健康饮食,切忌盲目用减肥药。

六、高校食品卫生安全防范体系的构建

(一)高校食品卫生安全培训体系

高校食品的卫生与安全是由人来保证的,具体指的是高校食堂工作人员及其他相关人员。食堂工作人员应对食品卫生法规有基本的了解,对食品安全知识有一定的掌握,而且还要有良好的敬业精神与服务意识,只有满足这些条件,才能在高校食品卫生安全管理方面尽力尽责,充分发挥主观能动性,并为学生的健康与安全负责。因此,对这些人员进行专门的岗位培训非常必要。

目前,我国很多高校的食堂工作人员大都不具备较高的文化素质,临时工作人员居多,他们虽然能吃苦,但缺乏服务意识和敬业精神,更缺乏基本的食品卫生安全知识。要想提高这些工作人员的职业素养,使其更好地适应岗位、充分发挥作用,就必须重视

第七章 大学生体质健康的营养与教育干预路径

对他们的培训。培训要有针对性、系统性、实用性,要以实现食品卫生安全为目标,具体可采取一些比较丰富和灵活的培训方式,如脱产或不脱产、短期或中长期。培训模式不固定,要基于各高校的实际情况确定适合各校条件的培训模式,对培训时间要合理安排,并针对不同的培训对象采取相应的培训方式,区别对待,提高培训的效果。

(二)高校食品卫生安全管理体系

1. 对相关规章制度加以建立与完善

建立有关食品卫生的规章制度要严格遵循针对性原则、可操作性原则,在建立制度的同时也要不断补充与完善原来的制度,从而使制度体系更加完善。具体来说,建立高校食品卫生安全管理体系应包括以下内容:

(1)严格管理高校食品的采购、验收、库管、加工、出售等一系列环节。

(2)从个人卫生、厨房卫生、餐厅卫生、餐具卫生、环境卫生等方面加强卫生管理。

(3)加强财务管理、人事管理、机械使用管理等。

2. 加大监督力度,保障相关规章制度真正落实

制定相关规章制度后,为了保证严格执行与充分落实规章制度,必须监督制度的执行过程,如果缺乏监督,制度执行不到位,那么制度再好也没有实际意义,形同摆设,无法发挥真正的作用。在监督过程中,要根据执行情况给予一定的奖励或惩罚,要赏罚分明,这样才能使制度得到更好的执行。监督不仅是主管部门的职责,还需要其他相关部门共同监督或鼓励被监督对象进行自我监督,层层把关,及时发现,有效处理问题,为食品卫生安全提供坚实保障。

3. 做好"三防"工作

(1)预防食物中毒。

预防食物中毒包括以下内容：

①预防细菌、微生物性食物中毒。

第一,食品低温运输、储存。

第二,烹饪中将食材高温杀菌。

②预防化学性食物中毒。

第一,将食品放在远离化学物品清洁剂、杀虫剂的地方。

第二,用来盛装食品的器具要消毒。

第三,食品包装材料不含有害物质。

第四,对食品添加剂的使用要适量。

③预防有毒食物。

第一,毒蘑菇、死甲鱼、死贝类、苦杏仁、新鲜黄花菜及没有经过检疫的肉类都是有毒食物,禁止这些食物出现在食堂厨房。

第二,有些食物如果烹调方法不当,也会演变为有毒食物,如没有彻底熟透的豆角、未清除发芽部位的马铃薯、生的木薯等。

(2)预防疾病传染。

第一,要将炊具和餐具彻底清洗干净。要依次做到这四步：洗、刷、冲、消毒,每一步都不可缺少。而且应该由专人清洗餐具与炊具,避免交叉感染。

第二,食堂要时常搞一些灭鼠、灭蝇、灭蟑螂行动。

第三,必要时安置紫外线消毒灯,将传染源切断。

第四,食堂工作人员要进行体检,管理者及时将体检不合格者从食堂调离,防止病菌传播。

(3)预防坏人投毒。

现代市场竞争异常激烈,不正当竞争现象频发,因此高校在食品安全管理方面必须做好监督工作,尽可能监督每个环节,提高安全意识,避免发生投毒事件。

第七章 大学生体质健康的营养与教育干预路径

第一,一般情况下不允许非工作人员进入厨房或接触食品储存区。

第二,要求外来办事人员登记个人信息,对其详细查问。

第三,要多注意被解雇的内部人员。

第四,由专人管理水源和货源。

(三)高校食品卫生安全应急处理体系

1.组织领导

高校应成立食物安全事件应急处理领导小组,组长由校长担任,副组长由副校长担任,小组成员包括卫生院人员、食堂工作人员、学生处人员以及后勤保卫处人员。

2.制定食物安全事件报告制度

出现食物中毒等紧急事件,当事人即刻向校卫生所或饮食处、学生处报道,校卫生所再向应急处理领导小组汇报,应急处理领导小组接着向卫生局及防疫部门说明详情。紧急事件一出,食堂的一切生产经营活动立即停止,将现场保护好,将已售出的可疑中毒食品追回并封存。对患者呕吐物、粪便、洗胃液等加以收集,并交给卫生监督部门,以便调查真相,解决问题,并防止出现更多问题。

3.将责任追究制度充分落实

《学校食物中毒事故行政责任追究暂行规定》第三条规定:"学校的校长是学校食品卫生安全管理第一责任人,从校长到食堂厨师层层落实责任,使他们提高对食品卫生安全工作的认识,把食品卫生安全工作当作重要工作来抓,保证学校食品卫生安全。建立高校食品卫生安全的实施体系、防范体系、培训体系、管理体系、应急处理体系是高校食品卫生安全管理的基本构架。只有做好这五个方面工作,才会使高校食品卫生安全管理收到实效。"[①]要参照此规定充分落实责任追究制度,切实保护学生的安全。

第二节 健康教育与大学生体质健康

一、高校健康教育的目的与意义

高校健康教育指的是针对大学生的求知特点及其对健康的需求,采取多种形式有目的、有计划地对健康知识与技能进行传授与传播的活动。高校通过健康教育要使大学生对健康知识与卫生知识有一定的掌握,引导大学生树立正确的健康观,使大学生形成健康的生活方式。此外,在健康教育中还要对不利于学生健康的环境因素加以改善,优化学生的学习与生活环境,从而预防与控制疾病的发生,为大学生终身健康奠定基础。

(一)高校健康教育的目标

高校健康教育的核心是对健康知识与保健技能进行传授,改善学校环境,引导大学生养成良好的卫生习惯。大学生处于青春发育后期,身心发展呈现出一定的独特性,对这一群体进行健康教育,要充分考虑他们的身心特点和发育规律,注重教育的计划性、组织性和目的性。

高校健康教育主要为了实现以下目标:

(1)使大学生掌握丰富的健康知识与卫生知识,使其对健康的价值与意义有更全面、深入的了解,提高大学生对自我保健、预防疾病的责任感,使大学生自觉维护自身健康,促进其自我保健

---

① 毛亚杰.大学生健康教育[M].北京:北京理工大学出版社,2014.

第七章 大学生体质健康的营养与教育干预路径

能力的提高,有效预防校园常见疾病。

(2)将健康危险因素的不利影响降到最低,甚至完全消除,促进大学生身心健康和协调发展,使大学生形成健康的生活方式和养成良好的卫生习惯。

(二)高校健康教育的意义

高校健康教育的意义主要从以下几方面体现出来:

(1)引导大学生树立科学的健康观,使其认识到健康的内涵包括躯体健康、心理健康、道德健康和社会适应良好,而不是没有疾病就是健康。大学生对健康认识水平的提高有助于促进"全社会关心健康、关心疾病的预防工作"的顺利开展。大学生的健康也在一定程度上受社会决策的影响,主要从维持健康、促进健康和改善健康等几个方面体现出来。

(2)对 21 世纪的新型人才进行培养,让大学生对生命科学的知识与发展、现代社会面临的生命科学问题及生物学伦理问题有一定的认识与了解。健康教育有助于增加大学生的健康知识储备,使其对卫生知识、保健知识以及基本急救常识有所了解,并在提高理论知识素养的基础上养成良好的卫生习惯,包括用眼卫生、用脑卫生、饮食卫生、起居卫生、心理卫生、环境卫生、运动卫生、性卫生等,同时促进大学生自我保健能力的增强。

(3)使大学生对不健康行为和生活方式对健康的危害有正确的认识,并给予高度重视,自觉改正抽烟、酗酒、暴饮暴食、不讲卫生等不良习惯。

(4)健康是现代社会新型人才的基本素质之一,自觉增进健康是历史赋予大学生的重要使命,高校健康教育能够使大学生充分认识到这些,从而促进其自我保健的责任感的加强,并将这种责任感化为自觉积极的自我保健行为,这既是对自己的现在与将来负责,也是对社会与国家的未来负责。

(5)高校健康教育的实施效果可以通过大学生的体质健康状况、卫生保健知识水平、生活方式与卫生习惯等方面得到检验。

高校在实施健康教育的过程中不断完善教育内容,对教育方法进行改革创新,注重对教育经验的总结,可有效提高健康教育的效果,并构建具有学校特色的健康教育体系。

(6)高校健康教育可推动中国特色社会主义精神文明建设。提高全民族的科学文化水平,让人民群众养成科学、健康、文明的生活方式,这是社会主义精神文明建设的一项重要任务。通过健康教育可以提高大学生群体的科学文化水平,使大学生群体养成健康文明的生活方式,而大学生群体又能积极影响社会其他群体,因而对完成社会主义精神文明建设的任务具有重要意义。

二、高校一般健康教育与专题健康教育

学校健康促进体系是一个比较完整的体系,涉及学校、家庭、社区等多个方面,而且学校健康促进、家庭健康促进、社区健康促进等都是密切联系的,如图 7-1 所示。健康教育既是学校健康促进的一个重要组成部分,也是学校教育的重要内容之一,其在学校健康促进体系中所占的地位非常重要。学校健康教育可分为一般健康教育与专题健康教育,二者缺一不可,高校开展健康教育同样要从这两个方面着手。下面具体分析高校一般健康教育与专题健康教育的开展。

(一)一般健康教育

一般健康教育主要从以下几方面展开:

1. 开设健康课程

将健康课程教学纳入高校健康教育计划中,开设专门的健康课程。此外,也要将健康教育的相关内容融入其他课程教学中,进而渗透到整个高校教育中。

开展健康课程教学,主要是为了使大学生掌握卫生保健知识和技能,提高其自我保健能力和健康水平。

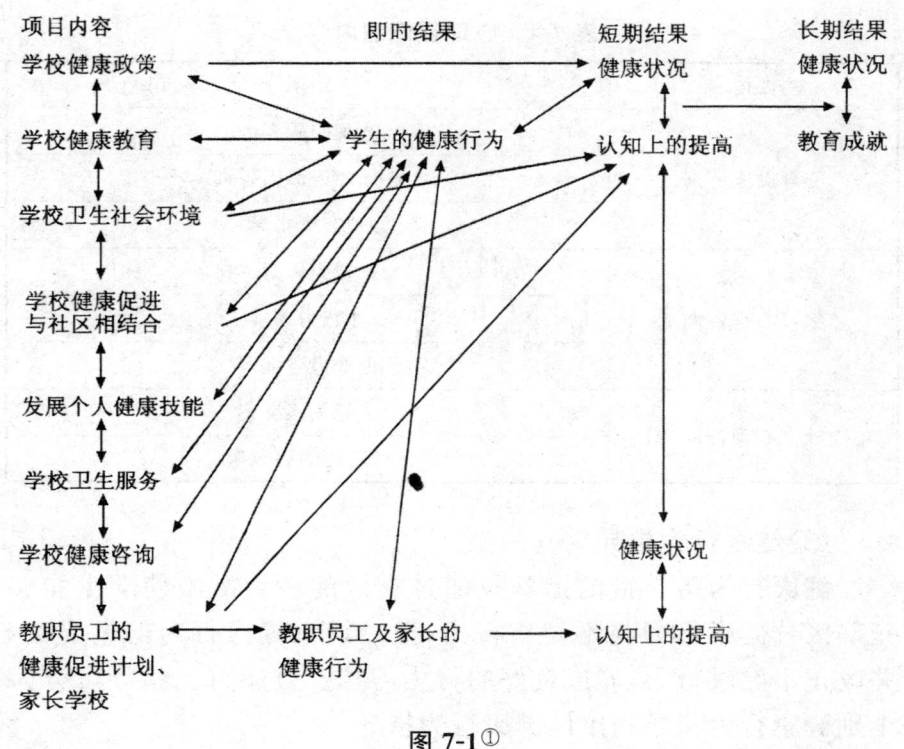

第七章 大学生体质健康的营养与教育干预路径

图 7-1[①]

2. 提供健康咨询与健康行为指导

(1) 健康咨询

健康咨询指的是在健康教育中,学校提供平台让学生及学生家长与教师、医生等相关人员相互交流,从而对学生的健康问题进行集中讨论,引导学生做出对自身健康有益的正确决定。

健康咨询有很多种方式,采取不同的方式进行咨询,涉及的内容就不同,以心理健康咨询方式为例,涉及内容及因素见表7-4。

---

① 黄敬亭.健康教育学[M].上海:复旦大学出版社,2006.

表 7-4　心理咨询的内容

主要内容	因素
心理健康咨询	心理问题咨询
	心理障碍原因咨询
	心理健康指导等
学习心理咨询	智力因素
	非智力因素
	创造力咨询等
社会心理咨询	人际关系咨询
	学习压力咨询等

(2)健康行为指导

健康行为指导指的是学校通过有效的教育措施使学生能够正确区分健康行为与不健康行为，充分认识健康行为的重要性，并改正不健康行为，养成良好的行为习惯。健康行为指导可分为个别健康行为指导和集体健康行为指导。

3.开展健康活动

组织丰富多彩的校园健康活动，丰富学生的课余文化生活，使学生的健康认识水平不断提高、健康体验更加深刻，促进学生身心健康发展。

(二)专题健康教育

专题健康教育是一种比较特殊的教育形式，指的是学校为预防疾病，降低发病率，减少或消除健康危险因素而进行的健康教育，也包括针对学生的身心健康问题而开展的健康教育。[①]

专题健康教育的内容有很多，下面仅对几项主要内容进行简单的分析。

---

① 黄敬亭.健康教育学[M].上海:复旦大学出版社,2006.

第七章　大学生体质健康的营养与教育干预路径

1. 生殖健康教育

对处于青春发育后期的大学生进行健康教育,要特别加强性教育、生殖健康教育。我国教育观念保守落后,教师在性教育方面总是难以启齿,所以学生对性知识也是一知半解,懵懵懂懂。再加上现代网络上有一些不健康信息大肆传播,导致大学生形成错误认识,甚至走向歧途。因此,加强生殖健康教育和性健康教育在高校健康教育中至关重要,但要注意教育的适时性、适度性、适量性。

2. 生活技能教育

生活技能教育中的"生活技能"指的是人的心理—社会能力,包括有效处理日常生活中各种需要和挑战的能力;保持良好心理状态,在与他人、社会和环境的相互关系中表现出良好适应和积极行为的能力。[①]

现阶段,吸烟、酗酒、吸毒、自杀等行为严重影响了大学生的健康,这些行为的产生都与心理—社会因素有关,具体表现为心理不健康,人格不健全,抗挫能力弱,遇到不顺心的事产生轻生念头。这些问题与健康教育的缺失有直接的关系。

生活技能教育有助于增强大学生的心理—社会能力,通过教育促进大学生科学价值观的形成,促进其对健康保健知识的掌握,促进其健康行为习惯的养成(图 7-2),进而为大学生的全面发展奠定良好的基础。

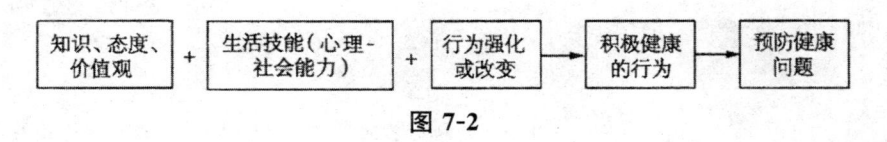

知识、态度、价值观 + 生活技能(心理-社会能力) + 行为强化或改变 → 积极健康的行为 → 预防健康问题

图 7-2

[①] 吕姿之.健康教育与健康促进(第二版)[M].北京:北京大学医学出版社,2002.

3.预防疾病的教育

成年人常见的慢性非传染性疾病主要有高血压、冠心病、糖尿病、肿瘤等,这些疾病也被称为成年期疾病。大学生的一些危险行为因素,如吸烟、酗酒、缺乏锻炼、挑食等可能会导致引发这些疾病。为了避免疾病的发生,就要提前做好预防工作,消除潜在危险因素,因此在高校加强预防疾病的教育非常重要。

三、大学生不良行为的健康教育

大学生常见不良行为有抽烟、喝酒、沉迷网络游戏、偏食或挑食等,下面主要针对抽烟与喝酒这两种行为的健康教育进行分析。

(一)控烟健康教育

控烟策略主要有健康教育策略、政策策略(社会策略)与环境策略,这需要教育机构、卫生机构、公共场所、家庭共同来落实这些策略。控烟干预策略的内容见表7-5。

表7-5 控烟干预策略的内容

教育场所	干预策略		
	健康教育策略	社会策略	环境策略
卫生机构	(1)医院向病人提供吸烟危害的相关资讯服务 (2)提高医生的健康教育技术能力	(1)医院诊所明令禁止吸烟 (2)卫生单位禁止售烟	(1)医院不允许有售烟摊 (2)有显眼的禁止吸烟标志
教育机构	(1)在学校开设吸引危害健康的相关专题报告 (2)在学校对抵制吸烟的技术进行传授	(1)学校制定禁烟规定 (2)学校制定吸烟惩戒规定	(1)将控烟宣传资料张贴在学校布告栏中 (2)动员教师、家长戒烟

第七章　大学生体质健康的营养与教育干预路径

续表

教育场所	干预策略		
	健康教育策略	社会策略	环境策略
公共场所	媒介宣传,如板报、宣传画、橱窗、标语等	(1)公共场所命令禁止吸烟 (2)禁止一切烟草相关广告	(1)不将香烟作为人际交往和公共交往的媒介 (2)禁止商店将烟售给未成年人
家庭	(1)分发吸烟危害健康的相关资料 (2)印发吸烟主题日历	(1)家中人人不吸烟 (2)将不吸烟作为评选模范家庭的标准之一	家里不放烟具

（二）控酒健康教育

1.社会干预

(1)强制实行允许饮酒的最小年龄规定。
(2)限制高度酒的生产和销售、鼓励低度酒的生产和销售。
(3)对酒驾、酗酒闹事等违法行为给予严格惩罚。
(4)对于以酿酒、贩酒、销售酒为主要业务的公司,谨慎发放营业执照。

2.健康教育内容和干预方法

(1)在学校利用各种传播媒介广泛宣传酗酒的危害。
(2)在学校健康教育中将健康教育有关知识列为主要教育内容。
(3)丰富学生的课余文化生活,改善学生的生活环境,引导学生形成健康的生活方式,避免产生酒精依赖。

四、大学生疾病健康教育

（一）基本教育形式

从教育的场所来看,疾病健康教育的形式主要有以下几种：

1. 门诊教育

门诊教育就是在门诊诊疗过程中对病人进行健康教育。门诊病人数量多，流动快，而且人群较为复杂，个人病情和治疗要求都有明显差异。所以，在门诊教育中，要抓好主要环节，根据病人的共性问题进行教育。

门诊教育又包括以下类型：
(1) 候诊教育。
(2) 随诊教育。
(3) 门诊咨询教育。
(4) 门诊专题讲座教育。
(5) 健康教育处方。

2. 住院教育

住院教育是在病人住院治疗期间进行的健康教育。对于住院时间较长的病人，应有计划地进行健康教育，以便医患之间相互了解。对于病情较重的病人，要及时进行具有指导性的健康教育。

住院教育包括以下几方面：
(1) 入院教育。
(2) 病房教育。
(3) 出院教育。

3. 随访教育

这是住院教育阶段的拓展和延伸，教育对象主要是有复发倾向、需长期接受健康指导的病人。在这类教育中，主管医生通过家访、家庭病床、电话咨询等方式了解病情发展，修订治疗方案，对病人长期进行健康指导。

第七章　大学生体质健康的营养与教育干预路径

(二)标准疾病健康教育计划

在疾病健康教育中要科学制订教育计划,可将计划设计的一般步骤作为参考,如图 7-3 所示。

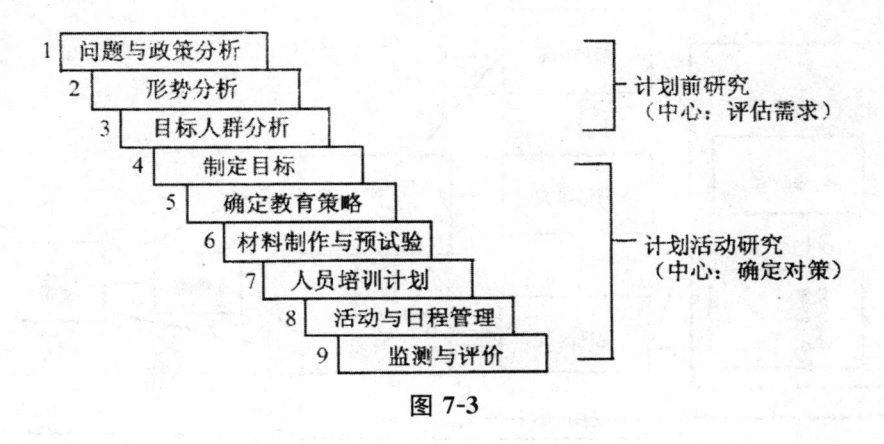

```
1 问题与政策分析  ┐
2 形势分析        ├ 计划前研究
3 目标人群分析    ┘ （中心：评估需求）
4 制定目标        ┐
5 确定教育策略    │
6 材料制作与预试验 ├ 计划活动研究
7 人员培训计划    │ （中心：确定对策）
8 活动与日程管理  │
9 监测与评价      ┘
```

图 7-3

在疾病健康教育计划设计中,常引入美国健康教育学家劳伦斯·格林主创 PRECEDE-PROCEED 模式,其具有以下两个特点。

第一,总的程序是从结果入手,用演绎的方式来推理,即从最终结果向最初起因追溯,先问"为什么",再问"如何去进行",避免主观猜测对客观需求的替代。

第二,对健康的多重影响因素加以考虑,强调影响行为健康的社会环境因素。要改变健康现状,必须从个人、群体与环境等方面进行努力。因此,应从多层面实施健康教育与健康促进计划。

PRECEDE-PROCEED 模式为健康教育计划的制订、实施及评价提供了科学指导,具体分九个阶段来一一落实,如图 7-4 所示。

PRECEDE →

第5阶段	第4阶段	第3阶段	第2阶段	第1阶段
管理和政策诊断	教育学和组织诊断	行为和环境诊断	流行病诊断	社会诊断

健康 促进
健康教育
政策法规组织

倾向因素
强化因素
促进因素

行为和生活方式
环境

健康 → 生活质量

第6阶段	第7阶段	第8阶段	第9阶段
实施	过程评价	影响评价	结局评价

PROCEED →

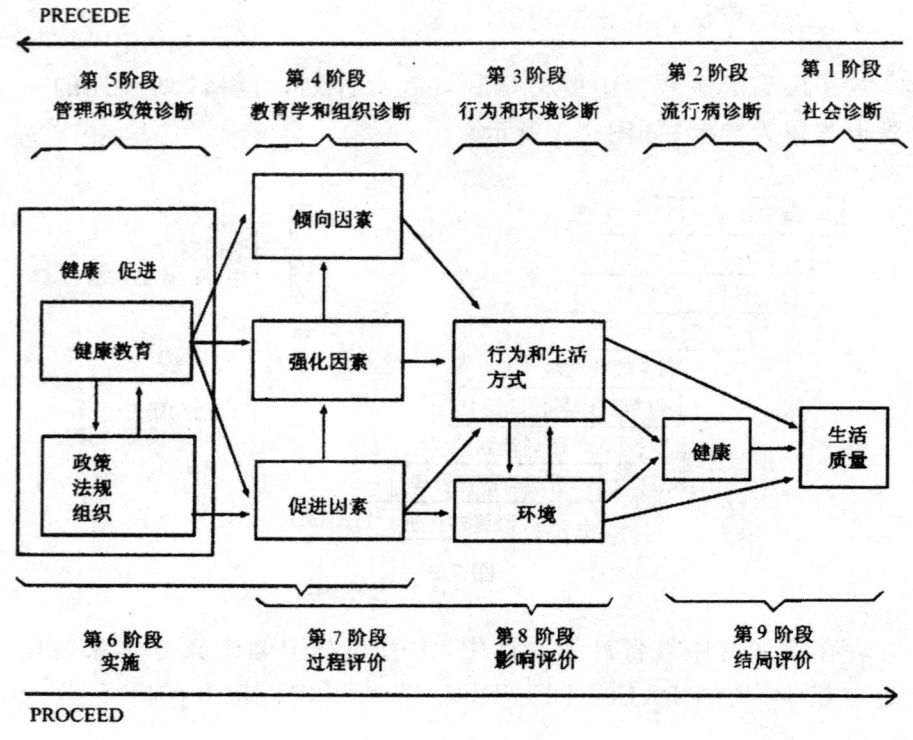

图 7-4

第八章 大学生体质健康促进的运动健身指导

运动是生命存在和发展的需要。运动能够增强人体各系统、器官的功能,促进肌肉发育,提高思维反应能力及机体的环境适应能力,预防疾病,促进健康。运动健身是大学生增强体质及维持体质健康的重要路径,大学生必须提高自己的健康意识和运动锻炼意识,掌握运动技能,养成运动锻炼的好习惯。本章主要就适合大学生参与的常见运动项目的健身方法展开研究,以期为大学生进行体育锻炼提供科学指导。

第一节 球类运动健身指导

一、篮球健身指导

(一)移动

1. 起动

两脚前后开立,屈膝,上体向前倾,后脚蹬地,重心适当前移,屈臂前后摆动(图 8-1)。

图 8-1

2. 跑

如由右向左变向跑,最后一步时右脚前脚掌蹬地,屈膝,上体稍向左转再前倾;左脚向左前方迅速移动,右脚紧跟(图 8-2)。

图 8-2

(二)传球

以双手在胸前传球为例,十指分开,拇指成"八"字形,球的高度在胸腹之间,目视传球方向,后脚蹬地,重心前移,两手迅速伸向传球方向,拇指下压球,屈腕,食指和中指用力拨球(图 8-3)。

图 8-3

第八章　大学生体质健康促进的运动健身指导

（三）接球

以双手接球为例，目视来球，手臂主动迎向来球方向，手触球后顺势屈臂后引，球的高度保持在胸腹之间（图8-4）。

图 8-4

（四）运球

1.低运球

屈膝，重心下移，上体向前倾，右手短促拍球，球反弹后高度不应超过膝关节，注意保护好球（图8-5）。

图 8-5

2.高运球

屈膝，屈臂随球上下摆动，上体向前，手拍球的上方，使球落在身体侧前方（图8-6）。

图 8-6

3. 转身运球

运球中若对手在右路堵截,左脚跨出做中枢脚,右手按在球的前上方,右脚蹬地,同时身体向后转,顺势把球带到体侧后,左手继续拍球(图 8-7)。

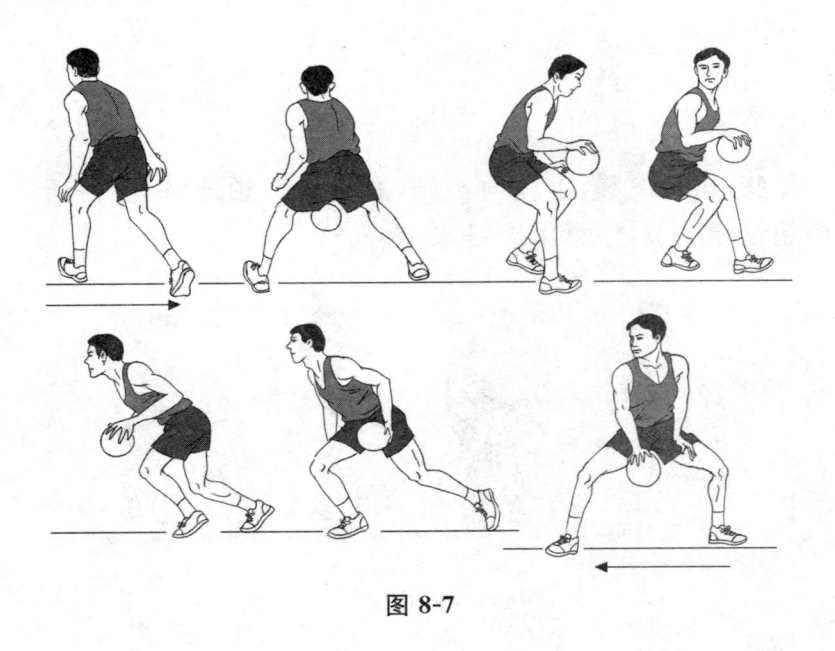

图 8-7

4. 背后运球

右手运球,向左侧变向时,右脚在前,将球引向身体右侧后,右手迅速转腕拍按球,球到身体左前方后,换左手运球,后脚蹬地向前突破(图 8-8)。

第八章　大学生体质健康促进的运动健身指导

图 8-8

5.体前变向变速运球

从对方右手突破时,先朝防守左侧做变向球假动作,引诱对手左移,然后迅速按拍球的右后上方,使球反弹到身体左前方,右脚向左前方跨步,上体向左移,侧肩将对手挡住,换左手继续运球前进,后脚蹬地突破(图 8-9)。

图 8-9

(五)防守

以抢球为例,防守者趁持球者注意力分散时迅速抢球。要快而狠、果断抢球,控球后,利用拧、拉和身体扭转力量迅速收球,完成夺球(图8-10)。

图 8-10

(六)投篮

以原地跳起右手投篮为例,双脚分开,屈肘,手腕后仰,掌心朝上,五指分开,左手扶在球的侧面,稍屈膝,上体稍向后倾斜,目视篮点。投篮时,下肢蹬伸,腰腹部伸展,前臂伸直,手腕前屈,利用手指弹拨球,最后食指与中指发力投球,右臂自然跟进(图8-11)。

图 8-11

第八章 大学生体质健康促进的运动健身指导

二、足球健身指导

(一)传球

传球是队员展开整体协作与配合的基本技术,攻守双方都要通过传球来展开对抗。传球时需注意,要尽快完成传球动作,灵活传球,同时隐蔽传球意图。

(二)接球

1. 脚内侧接球

以脚内侧接空中球,右脚接球为例,右脚尖向上翘,脚内侧触球,将球下压,使球落在右脚前(图 8-12)。

图 8-12

2. 脚背正面接球

右脚接球时,重心在左脚上,右脚上抬接球,脚背触球,然后收腿,使球落在右脚下(图 8-13)。

3. 大腿接球

右腿接球时,屈膝上抬,大腿触球后,伸直下落,使球顺利落在右脚下(图 8-14)。

图 8-13

图 8-14

4. 胸部接球

(1)收胸接球

向来球方向挺胸,触球后收胸,将球扣压,使球从胸部落到脚下(图 8-15)。

图 8-15

(2)挺胸接球

面向来球方向,上体向后仰;胸部触球后向上挺胸,后脚脚跟稍向上(图 8-16)。

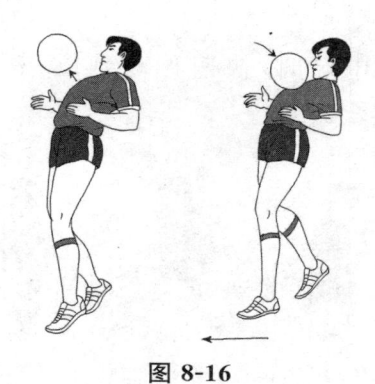

图 8-16

(三)运球

以运球过人为例,保护好球,向防守者逼近,重心下移,以假动作诱引防守者移动,迅速摆脱防守者后继续运球(图 8-17)。

图 8-17

(四)踢球

1. 脚内侧踢球

右脚内侧踢空中球时,快速移动到位,右腿上抬,右小腿后摆,用脚内侧踢球(图8-18)。

图 8-18

2. 脚背内侧踢球

右脚背内侧削踢定位球时,右膝弯曲,右小腿向前摆,脚尖朝踢球方向,脚背内侧踢球,右脚踝关节适当用力(图8-19)。

图 8-19

3. 脚背正面踢球

左脚背正面踢侧面半高球时,身体侧转,向右倾,左腿抬起并快速前摆,用脚背正面踢球(图8-20)。

第八章 大学生体质健康促进的运动健身指导

图 8-20

4. 搓击球

右脚搓击球时,脚插入球下部触球的瞬间,右脚背屈,右小腿急速向下提摆,使球回旋(图 8-21)。

图 8-21

(五)头顶球

1. 原地顶球

稍屈膝,两臂屈肘张开,来球接近身体时,快速向前摆体,用前额正面顶球(图 8-22)。

图 8-22

2. 原地跳起顶球

双腿屈膝同时起跳,两臂前摆,挺胸展腹,两臂张开,来球接近身体时,收腹,上体前摆用前额正面顶球。屈膝落地,保持身体平衡稳定(图8-23)。

图 8-23

3. 鱼跃头顶球

面向来球,双脚用力前蹬,水平跃出,两臂向前伸展,用前额正面将球顶出(图8-24)。

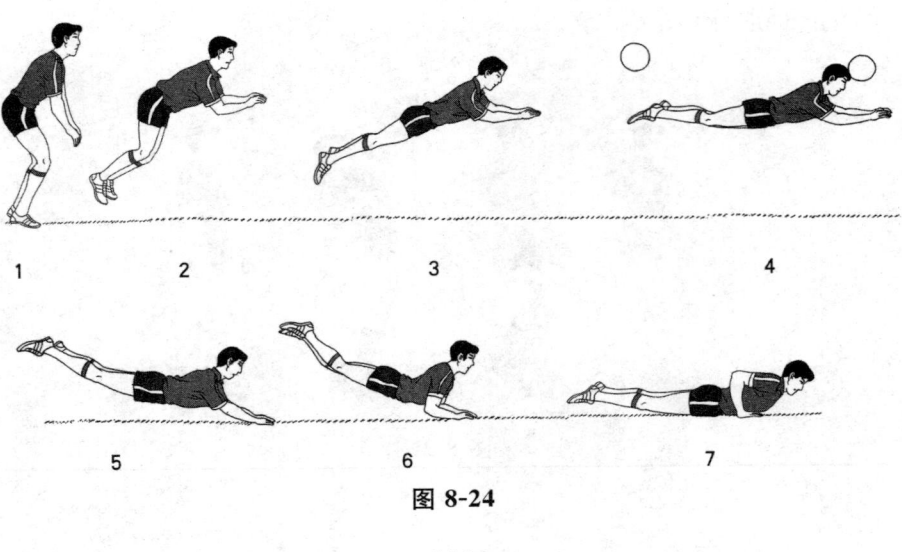

图 8-24

第八章　大学生体质健康促进的运动健身指导

第二节　传统体育运动健身指导

一、武术健身指导

武术是中华民族非常重要的传统体育项目,下面主要就武术的基本健身动作进行分析。

(一)基本手形

1. 拳

如图 8-25 所示,除拇指外,其余四指并拢卷握,拇指与食指第二指节紧贴。拳分平拳和立拳,前者是拳心朝上或朝下;后者是拳眼朝上或朝下。

2. 掌

以柳叶掌为例。如图 8-26 所示,除拇指外其余四指并拢伸直,拇指弯曲紧扣于虎口。

3. 勾

如图 8-27 所示,手腕弯曲,五指指尖捏拢。图中所示的是下勾手,即勾尖向下。还有一种反勾手,勾尖向上。

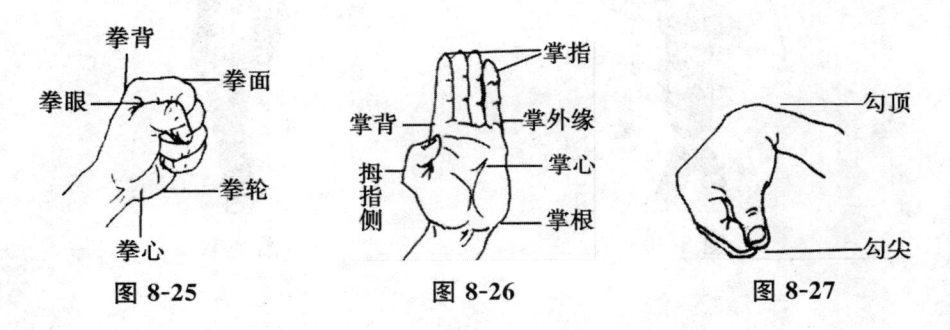

图 8-25　　　　图 8-26　　　　图 8-27

(二)基本腿法

1. 踢腿

(1)正踢腿

两脚并立,两臂侧平举,双手立掌(图 8-28)。左脚向前移动半步,重心落在左腿,右腿向前额猛踢,脚尖勾起,目视前方(图 8-29)。

图 8-28 　　　　　　　　图 8-29

(2)侧踢腿

两脚并立,两臂侧平举,双手立掌。右脚向前移半步,脚尖外展,上体向右转 90°;左臂伸向左前方,右臂举到身后(图 8-30)。随即左腿踢向左耳侧,脚尖勾紧;右臂举过头顶成亮掌,左臂屈于胸前,左手于右肩前立掌;目视正前方(图 8-31)。

图 8-30 　　　　　　　　图 8-31

第八章 大学生体质健康促进的运动健身指导

2.劈腿

(1)竖叉

两腿前后直线式分开,两臂侧平举。左脚脚尖朝上,右脚脚内侧着地。挺胸立腰(图8-32)。

(2)横叉

两腿左右直线式分开,两臂侧平举,脚尖向上翘。挺胸立腰(图8-33)。

图 8-32 　　　　图 8-33

3.压腿

(1)正压腿

面向肋木,两脚并立,左腿上抬,脚跟落在肋木上,勾脚尖,双手按在膝关节处(图8-34)。上体前屈,向前、向下压振(图8-35)。

图 8-34 　　　　图 8-35

(2)侧压腿

侧对肋木,右腿蹬直,左腿举起,脚跟搭在肋木上,右臂尽可能上举,左掌放在右胸前;上体向左压振,使头部尽量靠近左踝

(图 8-36、图 8-37)。

图 8-36 　　　　　　图 8-37

4. 扳腿

(1) 正扳腿

右腿蹬直,左腿屈膝提起,右手握住左脚踝外侧,左手置于左膝处(图 8-38),然后右手握住左脚向上扳,左腿用力向前上方举,左手压住左腿膝关节(图 8-39)。

图 8-38 　　　　　　图 8-39

(2) 后扳腿

手扶肋木,左腿蹬地支撑重心,右腿向后举,由同伴用力向上扳(图 8-40)。

5. 后扫腿(伏地后扫)

两脚并立,左脚向前跨一步,左腿屈膝下蹲,右膝伸直;两掌从体侧向前平

图 8-40

第八章 大学生体质健康促进的运动健身指导

推,目视手掌(图 8-41)。左膝继续弯曲,身体全蹲,上体向右转,向前俯身,两掌同时下移落到右腿内侧,随着两臂下移和身体转动,右脚紧贴地向后扫转一圈(图 8-42)。

图 8-41

图 8-42

二、太极拳健身指导

下面主要分析 24 式简化太极拳动作。

(一)第一组

1. 起势

左腿向左移动一步,两臂前平举,双膝稍屈,按掌(图 8-43)。

① ② ③ ④

图 8-43

2. 左右野马分鬃

抱手收脚,转体迈步,弓步分手;转体撤脚,抱手收脚,转体迈步,弓步分手(图 8-44)。

图 8-44

3. 白鹤亮翅

跟步抱手,臀部后坐同时转体,虚步分手(图 8-45)。

图 8-45

(二)第二组

1. 左右搂膝拗步

腰部与胯部放松,肩下沉,肘下垂,弓步推掌(图 8-46)。

第八章　大学生体质健康促进的运动健身指导

图 8-46

2.手挥琵琶

跟步展臂,身体后坐挑掌,虚步送手(图 8-47)。

图 8-47

3. 左右倒卷肱

转体撤手，提膝屈肘，退步错手，虚步推掌（图 8-48）。

图 8-48

（三）第三组

1. 左揽雀尾

转体撤手，抱手收脚，迈步分手，弓步掤臂，转体摆臂，转体后捋，转体搭手，弓步前挤，后坐收掌，弓步前按（图 8-49）。

图 8-49

第八章 大学生体质健康促进的运动健身指导

2.右揽雀尾

转体撒手,抱手收脚,迈步分手,弓步掤臂,转体摆臂,转体后捋,转体搭手,弓步前挤,后坐收掌,弓步前按(图8-50)。

图 8-50

(四)第四组

1.单鞭(1)

转体摆臂,勾手收脚,转体迈步,弓步推掌(图8-51)。

图 8-51

2.云手

转体扣脚,转体松勾,收步云手,开步云手(图8-52)。

图 8-52

3. 单鞭(2)

转体勾手,转体迈步,弓步推掌(图 8-53)。

图 8-53

第八章　大学生体质健康促进的运动健身指导

(五)第五组

1. 高探马

跟步松手,身体后坐并翻手(图 8-54)。

图 8-54

2. 右蹬脚

穿掌提脚,迈步翻手,分手弓腿,跟步合抱,提膝分手,分手蹬脚(图 8-55)。

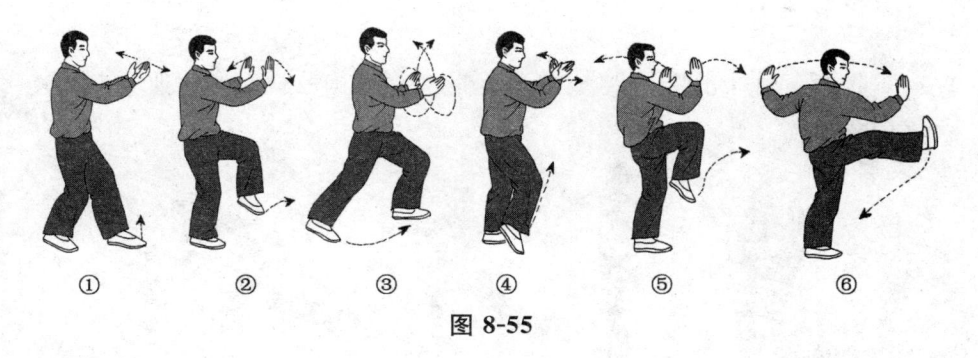

图 8-55

3. 双峰贯耳

屈膝落手,迈步分手,弓步贯拳(图 8-56)。

4. 转身左蹬脚

转体分手,收脚合抱,提膝分手,分手蹬脚(图 8-57)。

图 8-56

图 8-57

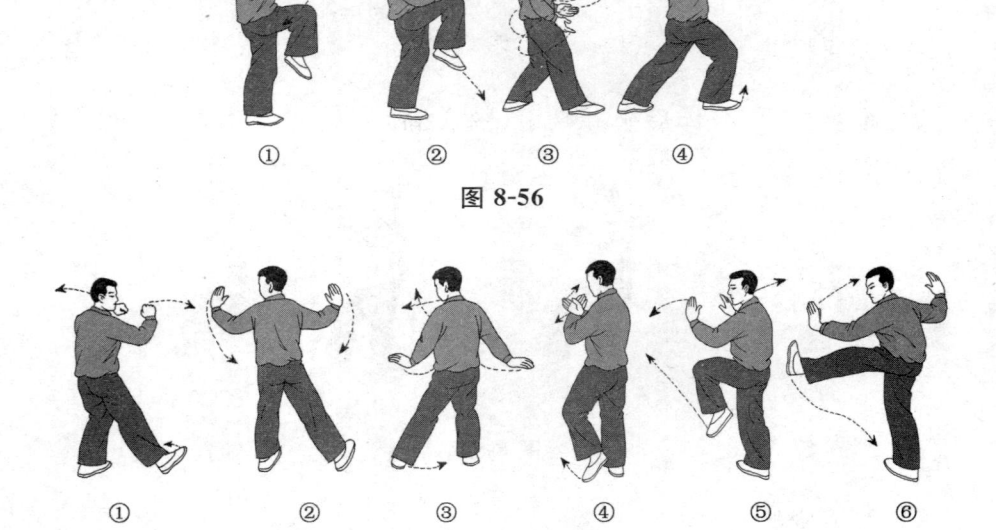

(六)第六组

1. 左下势独立

收脚勾手,屈膝下蹲成开步,仆步穿掌,弓腿起身,独立挑掌(图 8-58)。

图 8-58

第八章　大学生体质健康促进的运动健身指导

2.右下势独立

落脚勾手,屈膝下蹲成开步,仆步穿掌,弓腿起身,独立挑掌（图 8-59）。

图 8-59

(七)第七组

1.左右穿梭

落脚转体,抱手收脚,迈步错手,弓步推架；转体撇脚,抱手收脚,迈步错手,弓步推架（图 8-60）。

2.海底针

跟步松手,身体后坐并提手,虚步插掌（图 8-61）。

3.闪通臂

提手收脚,迈步分手,弓步推掌（图 8-62）。

图 8-60

图 8-61

图 8-62

第八章　大学生体质健康促进的运动健身指导

(八)第八组

1. 转身搬拦捶

转体扣脚,坐身握拳,垫步搬拳,转体收拳,上步拦掌,弓步打拳(图8-63)。

图 8-63

2. 如封似闭

穿掌翻手,身体后坐并收掌,弓步按掌(图8-64)。

图 8-64

3. 十字手

转身扣脚,弓腿分手,转体落手,收脚合抱(图 8-65)。

图 8-65

4. 收势

翻掌分手,分手下落,双脚并立还原起始姿势(图 8-66)。

图 8-66

第三节 时尚流行运动健身指导

一、轮滑健身指导

(一)站立

1. 平行站立

采用平行站立法时,两脚平行分开,与肩同宽,脚尖稍内扣,

第八章 大学生体质健康促进的运动健身指导

膝部微屈,重心落在两脚之间(图8-67)。

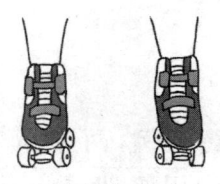

图 8-67

2."八"字站立

两脚跟靠近,脚尖自然分开,上体稍前倾,双膝自然弯曲,身体重心落在两脚之间。在确保重心平衡后双脚换成平行站立,上体仍前倾,使重心落在两脚之间(图8-68)。

3."丁"字站立

两脚成"丁"字步站立,前脚跟卡住后脚的脚弓,上体稍前倾,自然屈膝。身体重心落在后脚上。然后两脚交换位置,再成"丁"字步站立,到站稳为止(图8-69)。

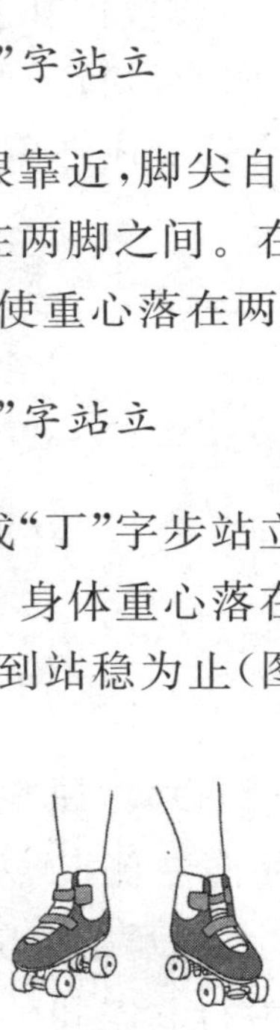

图 8-68 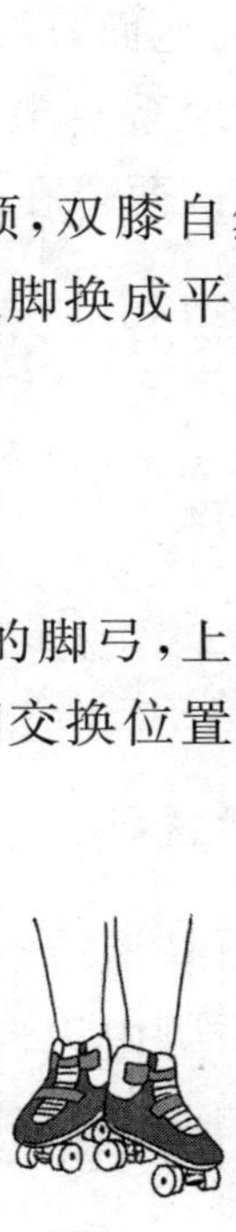　　　　图 8-69

(二)蹬地

以单脚蹬地,双脚向前滑行为例,左脚在前成"丁"字形站立,右脚用内侧轮向身体侧后方蹬地,左脚尖稍向外撇向前滑行,身体重心随之移至左腿上,同时右脚收成双脚着地,向前滑行。注意双脚滑行阶段应长些,两脚交替进行,两臂自然摆动,肩放松,上体前倾角度应比走步时稍大。

(三)滑行

1.向前滑行

以单脚向前直线滑行为例,两脚"T"字形站立,左脚在前,右脚在后,稍屈膝,用右脚内刃蹬地,重心慢慢移至左腿,右腿蹬直后右脚蹬离地面,成左脚向前沿行。然后右脚收回在左脚侧面落地,左脚蹬地重复上述动作,成右脚单脚向前滑行。两脚交替向前直线滑行,两臂在身体两侧自然张开,维持身体平衡(图8-70)。

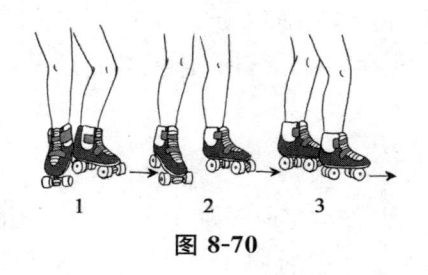

图 8-70

2.向后滑行

以向后蛇形滑行为例,两脚分开约一脚距离,屈膝,脚尖稍向内转。用右脚内刃向前下方蹬地,重心移向左侧,成左脚向后滑行。右腿伸直,随即右脚置于左脚侧面,回到开始姿势。然后再用左脚蹬地,重心向右侧移,成右脚向后滑行。左腿伸直,随即左脚放在右脚侧面。重复上述动作,连续向后滑行。上体始终向前倾,两膝弯曲,两臂在体侧自然张开(图8-71)。

图 8-71

第八章 大学生体质健康促进的运动健身指导

(四)停止

1. 内"八"字停止法

向前滑行过程中,两脚保持平行站立,然后脚尖向内转,两脚以内侧轮柔和地压紧地面,双腿屈膝,上体稍向前倾并微向下蹲,两臂向前伸展以保持身体平衡,速度逐渐减缓至停止(图 8-72)。

2. "T"形停止法

单脚向前滑行,在浮足与滑行脚的后跟成"T"形后,浮足慢慢放到地面,以内侧轮柔和地压紧地面,速度减缓直到滑行停止(图 8-73)。

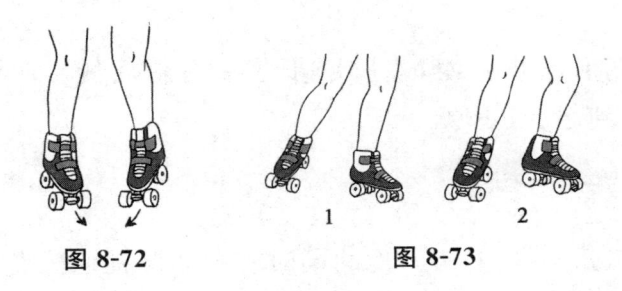

图 8-72

图 8-73

二、街舞健身指导

(一)基本动作

1. 提膝

右腿屈膝提起,同时收腹上体向前压,重拍落于收腹动作。右脚落地,同时上体抬起,展腹。左腿重复一次,最后还原准备姿势。反复练习。

2. 踏步

右腿屈膝提起,上体收腹向下压。右脚落地,上体抬起,展腹。重拍落于展腹动作上。左脚重复一次,交替练习。

3. 侧向踏步

屈右膝、抬右脚,上体收腹向下压。右脚向右侧落地,同时上体抬起,展腹。屈左膝、抬左脚,上体收腹向下压。左脚向右侧落地向右脚靠近,同时上体抬起,展腹。两腿交替练习,最后回到起点,还原。

4. 侧滑步

右脚向右跃一步,打开双臂,同时左腿滑向右腿,在原地踏步一次。两腿交替练习,最后回到起点,还原。

5. 交叉步

右脚向右踏步一次,左脚踏步落在右腿后侧。两腿交替练习,最后回到起点,还原。

6. 恰恰步

右腿屈膝上提,右脚落地的同时左腿屈膝提起。左脚下落的同时右膝提起,重拍落于最后提右膝身体前压的动作上。两腿交替练习,最后回到起点,还原。

7. 波浪

从头开始,经过胸、躯干,最后过渡到臀部,依次波浪;或从膝开始,经过髋、躯干,最后过渡到胸部,依次波浪。

(二)组合动作

1. 第一八拍(图8-74)

(1)步伐

1、2拍右脚尖重复点地两次,3拍右脚朝前方迈一步,4拍左

第八章 大学生体质健康促进的运动健身指导

脚向前迈一步,左右脚并立,5拍右脚侧点地,重心移至左脚,6拍右脚收回,左脚侧点地,7拍与5拍的动作相同,8拍右脚收回成基本并立姿势。

(2)手臂

1、2拍右手打2次侧响指,3拍微屈两臂同时上举,4拍双臂放下再上举,5、6、7拍双臂稍屈置于身体两侧,8拍双臂向斜上方举起。

(3)手型

1、2拍响指,3~7拍双手放松成半握拳,8拍出双手食指。

(4)面向

1~6拍1点,5、7拍8点,6拍2点,8拍1点。

1、2   3

4、8   5~7

图 8-74

2.第二八拍(图 8-75)

(1)步伐

1拍两脚左右开立,屈膝半蹲,右肩侧顶,2拍与1拍动作相同,方向相反,3拍胸在肩的带动下顺时针绕环,4拍抬起左脚,5拍左脚脚跟点地,6拍左脚收回,右脚跟点地,7拍转身180°,8拍双肘抬起。

(2)手臂

1~7拍双臂自然垂于体侧,8拍两臂抬起到腰间部位。

(3)手型

1~7拍双手自然放松,8拍双手成握拳。

(4)面向

1~3拍1点,4~6拍3点,7、8拍7点。

图 8-75

3. 第三八拍(图8-76)

(1)步伐

1、2拍下肢固定,转动上体,3拍右脚前迈一步,4拍左脚前迈一步,与右脚成并步,5拍左脚向后撤步,6拍转体180°,7拍右脚向后撤一步,8拍转体180°。

第八章 大学生体质健康促进的运动健身指导

(2)手臂

1、2拍肘部向侧方向上抬两次,3拍稍微伸出左臂,4~8拍两臂在体侧自然摆动。

(3)手型

双手自然放松或半握拳。

(4)面向

1~5拍1点,6、7拍5点,8拍1点。

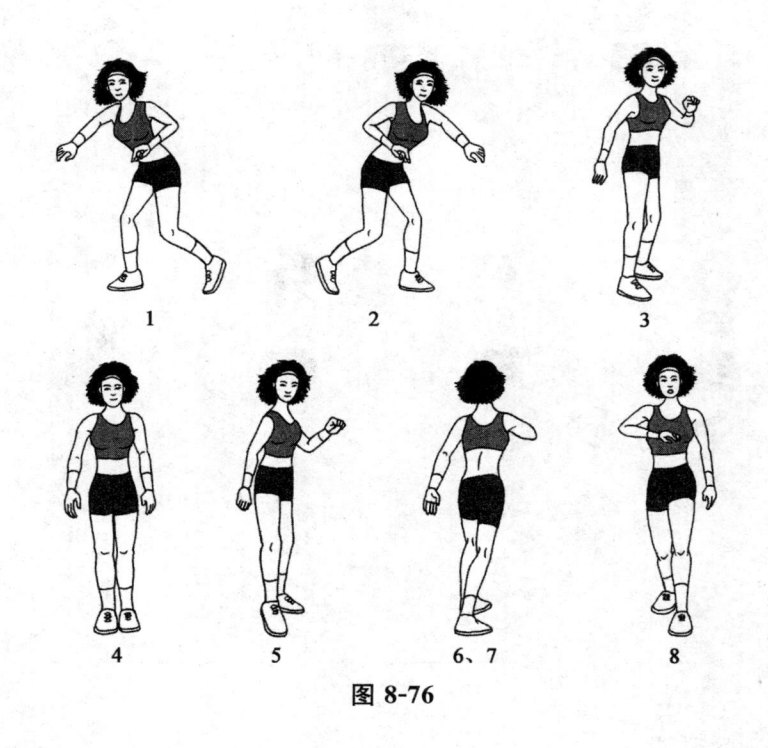

图 8-76

4. 第四八拍(图 8-77)

(1)步伐

1拍右脚跟前点,2拍左脚跟前点,3拍右脚向前半步迈出,4拍双脚脚跟向前转动后收回,5拍右脚向后迈一步,6拍左脚向后迈一步,7拍跳跃换脚,8拍左脚向前,两脚并立。

(2)手臂

1~3拍手臂自然放松,4拍肘部前抬然后收回,5、6拍手臂自然放松,7拍右臂由后向前抡,8拍两臂自然放松。

(3)手型

双手自然放松。

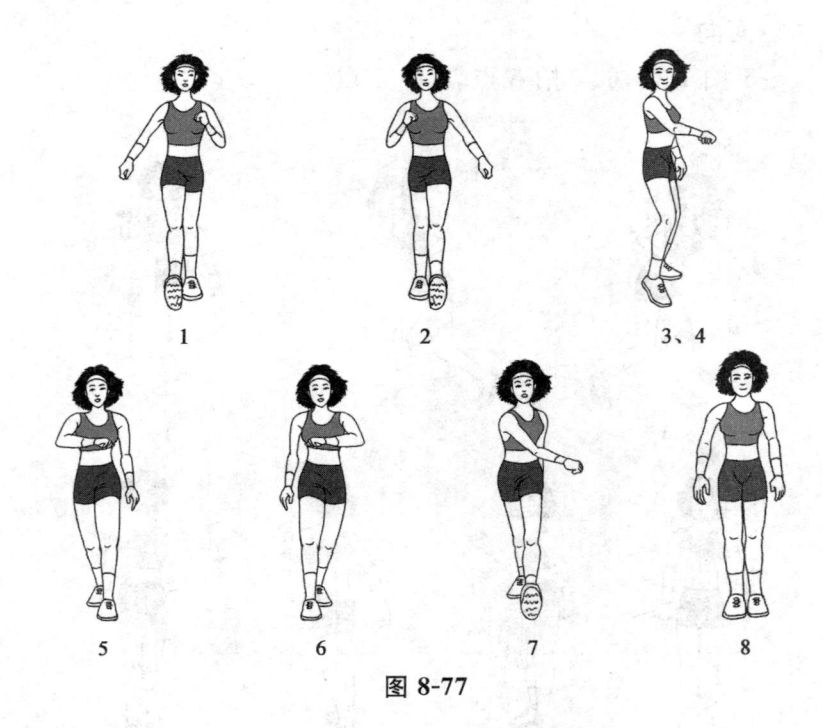

(4)面向

1点。

图8-77

第九章 大学生常见疾病与防治

大学生在集体环境中学习与生活,个人疾病容易传染,造成群体流行病,从而给大学生身心健康带来严重危害。因此,必须加强对大学生常见疾病的积极预防与科学治疗,切实增强大学生的体质。本章主要就大学生常见疾病与防治展开研究,主要包括常见不适症状、五官科疾病、外科与皮肤科疾病、内科疾病以及传染病等疾病的预防与治疗。

第一节 常见不适症状

一、头痛

(一)基本知识

额、顶、颞、枕等部位发生疼痛都属于头痛的范畴。引起头痛的因素既有病理性因素,也有非病理性因素,病因相对比较复杂,如过度疲劳、精神紧张、颅内外疾病等都可能引起头痛。人体颅内外组织中的痛觉神经受到某些因素的刺激,这种刺激通过某个通路传入大脑而被感知,就会引起头痛。大部分情况下头痛是可以得到良好治疗的,但如果头痛症状持续而剧烈或经常发作,则要给予高度重视,考虑是否发生了器质性疾病。

(二)治疗

治疗头痛,首先要弄清楚是什么原因引起的头痛,从而进行针对性治疗。主要有以下几种情况:

1. 感冒引起的头痛

服用布洛芬等解热镇痛药。

2. 思想问题引起的头痛

主动向亲人、老师和同学倾诉,在这些人的疏导下尽快摆脱思想负担。

3. 精神因素引起的头痛

自己调整情绪,放松身心,或向专业人士寻求帮助。

4. 紧张性头痛

多休息,自己选择一些能够缓解压力的事去做,或按摩头部,舒缓神经。

5. 偏头痛

刚开始出现症状就及时服用扑热息痛等药物;若头痛剧烈,可直接使用曲普坦类和麦角类药物;若头痛频繁发作,可遵循医嘱而提前服药,预防症状加重。

6. 急性剧烈头痛

若伴有高热、呕吐、意识模糊等症状,需立即就医。

(三)预防

偏头痛或紧张性头痛在大学生群体中比较常见。脑力活动持续时间长、精神刺激等精神方面的因素会直接引发这些头痛并

第九章　大学生常见疾病与防治

使症状加剧。对此,可从以下几方面来预防头痛:

(1)不要长时间埋头读书,要适当参加一些娱乐活动,劳逸结合。

(2)养成良好的作息习惯,睡眠时间规律而充足。

(3)保持愉快的心情,克服焦虑、紧张、暴躁等不良情绪。

(4)学会调节紧张心理与缓解压力,放松自我。

(5)戒烟酒,不吃垃圾食品。

二、咳嗽

(一)基本知识

咽喉、气管、支气管和肺部中有异物、炎症、肿瘤或出血,或者这些部位有刺激性气体进入等,都可能引起咳嗽。由刺激性气体与炎症引起的咳嗽最为常见。支气管内一般只分泌少量黏液,但如果有炎症,就会分泌很多黏液,这些黏液与支气管或肺部内的异物混合起来形成痰,人通过咳嗽而向外排痰。

(二)治疗

(1)如果是由呼吸道感染引起咳嗽,这种情况下要先分析病原体的类型,然后进行针对性的抗感染治疗。

(2)如果频繁咳痰,少服用强力止咳药,主要采用祛痰治疗方法,避免痰液积累过多而使感染更严重。

(3)如果干咳而无痰,则要服用镇咳药。

(4)咳嗽症状严重或持续时间久,则要去医院拍胸部 X 线照片及做其他相关检查,看是否有器质性病变。

(三)预防

(1)随气温高低而选择薄厚适中的衣服,身体出汗后及时更换内衣。

(2)室内开窗,保持空气流通,减轻咳嗽症状。
(3)雾霾天尽量不要外出或戴防雾霾口罩外出。
(4)在空气新鲜的环境下参加运动锻炼,提高身体免疫力。
(5)少吃辛辣刺激性食物。

三、发热

(一)基本知识

正常人的体温是相对恒定的。正常生理状态下人的口腔温度和腋窝温度的正常值分别在36.3℃～37.2℃、36℃～37℃之间。一天中,体温最低的时候是凌晨,最高的时候是下午。体温在饮食后和剧烈运动后都会升高,但最大也只是升高1℃。对女性而言,排卵期体温稍低于正常范围,月经前期和妊娠早期体温都比非月经期和非妊娠期稍高一点。

发热指的是体温升高超出正常范围,根据发热程度可分为表9-1中的四种类型。

表9-1 发热的类型

发热类型	体温范围
低热	37.4℃～38℃
中等度热	38.1℃～39℃
高热	39.1℃～41℃
超高热	41℃

发热还有感染性发热和非感染性发热之分,这是根据引起发热的原因而划分的。常见的发热是感染性发热,即由细菌感染、真菌感染、支原体感染、病毒感染等引起发热。内出血、手术、大面积烧伤、结缔组织病等引起的发热即为非感染性发热。

第九章　大学生常见疾病与防治

（二）治疗和护理

发热的治疗与护理方法如下：

1. 及早治疗

初步判断病因，及时就医以确诊，对症治疗，使体温逐渐恢复正常值。

2. 降温

发热实际上是人体的一种保护性反应，能增加抗体，提升白细胞的吞噬力，强化肝脏的解毒功能，对消灭病原体是非常有利的。所以低热时不要着急服用退热药。

高热时先用物理降温法来降温，如将冰袋放在腋窝、腹股沟等部位；75％酒精兑等量温水擦拭颈部、背部和四肢；或用湿毛巾冷敷额部。若这些方法没有效果，再就医或服用退热药。要注意避免滥用退热药，否则会因大量出汗而使身体虚脱，这不仅对改善病情没有帮助，反而会威胁生命安全。

3. 饮食与卫生

多吃清淡、易消化的食物和新鲜蔬果，注意个人卫生。

4. 补液

高热时身体排汗量大，容易引起体内水电解质紊乱，所以及时补液很重要，如喝果蔬汁、淡盐水等。

四、便秘

（一）基本知识

排便次数少，两三天或更长时间才排一次便，排便过程不顺利,粪便干硬,这就是便秘。由于食物残渣长期滞留在肠腔内,水分吸收,使大便变得干燥、紧硬,所以运行缓慢,导致难以排出。便秘的人排便时下腹部有下坠感,或发生痉挛性疼痛,左下腹能够摸到腊肠状包块,这是积便的乙状结肠。[①] 便秘在当今社会十分常见,人们因为不了解便秘的严重性而对此不够重视,其实便秘不是小事,可能会引起痔疮或其他疾病,必须对此给予重视。

(二)治疗

(1)若偶尔便秘,且没有器质性病变或其他症状,则不需要服药,主要通过饮食或运动来调理。

(2)若便秘严重,及时就医,听从医嘱而服用药物,但要避免滥用泻药。

(3)养成定时排便的习惯,用药的过程中结合饮食与运动来调理,便秘缓解后减少药量或停药,以免造成对药物的依赖。

(三)预防

(1)饮食规律,养成良好的饮食习惯,少吃辛辣刺激性食物和垃圾食品。

(2)多吃富含维生素及膳食纤维的食物、蔬果,多补充水分。

(3)每周锻炼三次左右,养成锻炼的好习惯。

五、腹泻

(一)基本知识

一天排便一两次、粪便呈黄褐色、不干硬、不含异常成分,此为排便正常。腹泻指的是一天排便多次,粪质稀薄且带有消化的食物或黏液脓血。腹泻有慢性腹泻与急性腹泻之分,急性腹泻的病程超过两个月,慢性腹泻的病程在两个月以内。

---

① 毛亚杰.大学生健康教育[M].北京:北京理工大学出版社,2014.

（二）治疗

1. 轻微腹泻的治疗

轻微腹泻者主要采用非药物疗法，如饮食调理等，而不宜使用止泻剂，以免在体内留下有害物质。

2. 严重腹泻的治疗

腹泻严重者需及时就医治疗，患者所用的衣物、餐具等都要进行消毒，并用生石灰等对排泄物进行处理。

3. 急性腹泻的治疗

（1）口服或静脉补液。
（2）遵循医嘱而暂时禁食，或以流食为主，切忌饮食要清淡。
（3）因腹部受凉而引起的急性腹泻可口服藿香正气水或藿香正气胶囊；因细菌感染引起的急性腹泻可采用抗生素治疗。

（三）预防

（1）饮食习惯良好，不吃过期食品和不干净的水果，夏季饮食尤其要注意卫生。
（2）不喝生水和刚从冰箱里拿出的饮料。
（3）了解自己对哪些食物过敏，坚决不吃此类食物。

第二节　五官科疾病

一、近视

（一）基本知识

近视眼是眼球前后径过长，近处物体光线能够在视网膜上成像,可以看清楚,而较远物体光线成像焦点落在视网膜前,物像模糊,看不清。远距离视力减退(看不清远的事物)是近视眼的基本症状。

(二)治疗

(1)根据自己的近视程度配戴适宜度数的眼镜。
(2)通过针灸、手术等方法进行矫正。

(三)预防

(1)教室采光与照明的卫生标准是"黑板面平均照度不低于200Lux,桌面平均照度不低于150Lux"。看书写字的光线应从左侧或右侧射来。
(2)用眼习惯良好,如上课坐姿端正;自习时隔1小时就向远处眺望,放松眼睛;光线过强或过弱时都不宜看书;走路、卧床时不看书或手机。
(3)避免过度用眼,如长时间阅读字体小的书籍、长时间玩手机或电脑。
(4)养成做眼保健操的习惯,对眼睛周围穴位进行按摩,以促进血液循环,缓解视力疲劳,保护眼睛。
(5)一旦感觉视力下降,就及时就医矫正。

二、智齿冠周炎

(一)基本知识

智齿萌出不全或阻生时,牙冠周围软组织发生的炎症就是智齿冠周炎。大学生年龄大都分布在18~24岁之间,处于智齿萌出期,所以容易出现智齿冠周炎。牙冠周围软组织肿胀疼痛是主要症状。

下颌发生智齿冠周炎的情况比较常见。刚开始牙龈红肿,有疼痛感,张口、咀嚼、吞咽时疼痛感加剧,之后可能有自发性跳痛的症状出现,甚至耳颞部也会感到疼痛。

若牙冠周围软组织的炎症比较严重,则下颌第三磨牙盲袋内会出现脓性分泌物,同时会产生很多并发症,如头痛、发热、白细胞总数升高、颌下淋巴结肿痛等。

(二)治疗

促进机体抵抗力的增强,控制感染,消除炎症,这是治疗智齿冠周炎的要点。下面具体分析局部治疗与全身治疗的方法。

1. 局部治疗

(1)冲洗盲袋

为清除盲袋感染物,需用1‰~3‰过氧化氢溶液及生理盐水或甲硝唑注射液对盲袋反复冲洗,然后点入3‰碘甘油、碘酚。

(2)切开引流

如果出现脓肿,应在局部麻醉下做切开引流的手术。

(3)拔牙

如果智齿的位置不正,及时将智齿拔除,彻底消除智齿冠周炎复发的可能性。

(4)龈瓣切除

如果智齿的位置比较正,可以在消除炎症后将龈瓣切除,防止再次发生智齿冠周炎。

2. 全身治疗

根据感染程度对抗菌药物合理进行选择,遵循医嘱而科学使用药物。若疼痛剧烈,可口服镇痛药,如布洛芬等。

(三)预防

(1)勤刷牙、漱口,保持口腔卫生。
(2)饮食清淡,不吃辛辣刺激食物,戒烟酒。

(3)如果是阻生智齿,则应尽快拔除。
(4)加强健身锻炼,促进机体抵抗力的增强。

三、鼻窦炎

(一)基本知识

鼻窦炎是鼻窦黏膜的非特异性炎症。鼻窦有上颌窦、额窦、蝶窦和筛窦共四对,都开口于鼻腔,其中最容易发生炎症的是上颌窦,因为上颌窦最大,而开口狭窄、位置高,不易排出分泌物,所以易感染或积脓。

鼻窦炎有慢性鼻窦炎和急性鼻窦炎之分,这是以病程为依据而划分的结果,其中比较常见的是慢性鼻窦炎。急性鼻窦炎多继发于急性鼻炎,如果不能及时而合理地治疗急性鼻窦炎,就可能引发慢性鼻窦炎。

急性鼻窦炎的主要症状持续鼻塞、脓鼻涕多、鼻音重、头痛,头痛部位比较固定,主要在于额部、面部或枕后部,而且头痛程度随低头、咳嗽、打喷嚏而加重。头痛是有规律的,一般白天比较严重,而夜晚症状较轻。此外还有嗅觉下降、呼出有臭味气体、怕冷、发热等症状。

慢性鼻窦炎的主要症状是鼻塞、流脓鼻涕,头沉重、有压迫感,但头痛症状较急性期轻。慢性鼻窦炎患者还存在痰多、咽部疼痛和咽部异物感等慢性咽炎的症状。

(二)治疗

1.急性鼻窦炎的治疗

(1)合理选用敏感抗生素,疗程10天到两周。
(2)配合使用鼻黏膜血管收缩剂,促进鼻腔通气,疗程不超过一周。

(3)上颌窦穿刺冲洗术要在患者全身症状消退、局部急性炎症基本得到控制后才可施行,每周一两次,直至痊愈。

(4)采用局部热敷、红外线照射、超短波透射等理疗方法。

2.慢性鼻窦炎的治疗

(1)使用黏液促排剂、鼻喷激素、抗组胺药等药物进行治疗。

(2)用中药、针灸等中医方式治疗。

(3)根据实际情况采用鼻内镜手术、穿刺冲洗术等手术治疗方法或理疗法。

(三)预防

(1)擤涕方法要正确,不要用力。

(2)预防感冒及传染病。

(3)及时治疗咽炎和口腔疾病。

(4)加强锻炼,增强免疫力。

第三节 外科与皮肤科疾病

一、胆囊结石

(一)基本知识

胆囊结石也就是"胆石症",胆色素结石、胆固醇结石及混合性结石是常见的三种结石类型。这一疾病多出现在成人群体中,女性发病率高于男性。

胆汁潴留、胆汁理化性质改变及胆道感染是引起胆囊结石的主要原因,而且这些原因往往是一起出现且相互作用的。最终形成的结石属于哪种类型,主要取决于这几种原因中哪种原因占主导。

很多胆囊结石患者都没有明显的不适症状，只是在吃得过饱、劳累及休息不好等情况下腹部上方隐隐感觉疼痛或有饱胀等不适症状，但患者常常把这当成"胃病"。少数胆囊结石患者右上腹或中上腹会出现胆绞痛，这是胆囊结石的典型症状，诱发此症状的原因有吃过量食物、吃太多油腻食物或睡眠姿势不当等。

胆囊结石可掉入胆总管，引起急性胆管炎或并发急性胰腺炎等，严重时患者会有生命危险。如果不及时治疗胆囊结石，且长期受到慢性炎症的刺激，还可能会造成胆囊癌等更严重的疾病。

（二）治疗

1. 手术治疗

目前治疗胆囊结石最有效的方法是通过手术切除胆囊。胆囊切除手术有很多方法，一般首选创伤小、术后恢复快的腹腔镜胆囊切除术。若胆囊炎症严重，局部解剖结构模糊不清，则适合采用比较传统的手术方式——开腹胆囊切除手术。

近年来流行一种保胆取石手术，但这种手术方式并不是适用于所有胆囊结石患者，只有患者年龄，结石大小、数量以及胆囊功能等均达到一定要求，才可采用这一手术方式。患者一定要去正规医院做保胆取石术。

2. 药物辅助治疗

药物治疗是胆囊结石的辅助治疗方式，可使用消炎利胆类药物来减轻症状。

（三）预防

（1）注意对胆道蛔虫症的预防。

（2）饮食要合理、健康，多吃新鲜蔬果和蛋白质含量多的食物，少摄入蛋黄、猪蹄及其他高胆固醇食物。

(3)定期体检,早发现、早治疗。
(4)坚持锻炼,预防脂肪堆积。

二、急性阑尾炎

(一)基本知识

由阑尾腔梗阻等原因而引起的阑尾急性化脓炎症就是急性阑尾炎,临床表现主要是转移性右下腹疼痛及阑尾点压痛、反跳痛等。急性阑尾炎如果得不到及时与恰当的治疗,可能会因为阑尾穿孔而出现腹腔脓肿等并发症或引发更严重的腹膜炎,从而给患者带来严重的生命威胁。

急性阑尾炎的临床表现主要有以下几点:

1. 腹痛

转移性右下腹痛是急性阑尾炎的主要症状之一,即从刚开始的剑突下及肚脐周围隐痛过渡为右下腹痛(间隔 6～8 小时),之后一直是这个部位疼痛,具体痛点因为阑尾位置的不同而稍有差异。阑尾穿孔时,腹痛症状会暂时减轻,但这并不意味着病情已缓解,机体免疫力较低的患者和老年患者的腹痛症状可能比较轻。

2. 发热

体温升高和发热症状多出现在炎症加重时,以低热为主。

3. 恶心、呕吐

恶心、呕吐是由阑尾炎症引起的胃肠道反应,出现在腹痛数小时后,少数患者还有腹泻症状。

4. 腹膜炎三联征(腹部压痛、反跳痛及局部腹肌紧张)

腹膜炎三联征主要是由炎症刺激壁层腹膜而引起的。

(1)肚脐与右髂前上棘连线的中外 1/3 交点处(右下腹麦氏点)是腹部压痛的常见痛点。

(2)手指压在腹部上,然后突然放开手指,此时腹部会有疼痛感,这就是反跳痛。

(3)阑尾化脓后就会出现腹肌紧张症状,因阑尾穿孔而引发腹膜炎时这一症状更加明显。

(二)治疗

1. 手术治疗

阑尾切除术是治疗急性阑尾炎最有效的方式,已经确诊后,越早做手术越好。手术方式首选创伤小、伤口不易感染、恢复快的腹腔镜阑尾切除术,这是一个比较常见的微创手术。

若急性阑尾炎患者有阑尾周围脓肿症状,则要先进行抗感染治疗,等该症状消失 3 个月后再切除阑尾。

2. 非手术治疗

非手术治疗方式主要适用于身体情况较差或心肺功能有障碍的患者,以抗感染治疗为主。一般来说,头孢类抗生素是首选,同时联合使用能够抗厌氧菌感染的奥硝唑或甲硝唑。

(三)预防

(1)避免腹部受凉,戒烟酒,出现便秘就要及时治疗,以预防急性阑尾炎。

(2)饮食应清淡、卫生,生冷和刺激性食物要少吃。

(3)养成锻炼的好习惯,增强机体抗疾病能力。

三、湿疹

(一)基本知识

湿疹是一种过敏性炎症性皮肤病,在皮肤科疾病中较为常见。这种皮肤病的特点是皮疹呈对称性、多形性,有渗出倾向,瘙痒难忍,而且会反复发作。

湿疹的分类如下:

1. 急性湿疹

常出现在暴露部位,如面部、手足、前臂、小腿等,皮疹呈多形性,主要是丘疹、红斑、水疱,抓挠部位易糜烂,渗出稀薄液体。注意不要抓挠,也不能用热水烫洗。如果可以及时恰当地处理,两个月内就可以痊愈。

2. 亚急性湿疹

若没有及时控制急性湿疹的病情或症状迁延,便会转为亚急性湿疹。这类湿疹的症状主要表现为,皮疹主要是丘疹、脱屑、结痂,瘙痒难忍,但抓挠后渗出液体减少。

3. 慢性湿疹

慢性湿疹有的一开始就是慢性,有的是由以上两种类型的湿疹反复发作转变而成的。主要表现为皮损以苔藓样和表皮肥厚为主,伴有脱屑和色素沉着,瘙痒比较强烈,这些症状时重时轻,病程往往延续数月或更长时间。

4. 特殊湿疹

以上三种湿疹类型是根据病程和症状的不同而划分的,也是常见的三种湿疹类型。以下湿疹则比较特殊,出现在少数群体中。

肛门、阴囊湿疹:以苔藓样变为主,瘙痒剧烈,抓挠或用热水清洗后形成糜烂面,渗出液体,反复发作。

乳房湿疹:红斑、丘疹渗出或裂隙,出现裂隙时会疼痛。

（二）治疗

1. 抗过敏处理

服用抗组胺药物,还可与维生素 C、镇静药等合用。糖皮质激素一般只用于皮疹分布广泛且剧烈瘙痒的患者。

2. 外用药

根据实际症状而选用药物,并在医师指导下科学使用。

第一,慢性期症状（结痂、鳞屑及苔藓样变等）可选他克莫司软膏、肤轻松软膏等。

第二,仅有丘疹、红斑时可用炉甘石洗剂。

第三,渗液不明显时可用糖皮质激素霜剂。

第四,渗液多者应选冷湿敷,如 3% 硼酸溶液。

3. 中医治疗

根据不同类型的湿疹和不同严重程度选用中药方剂和中成药。

需要注意的是,在湿疹治疗期间也要做好护理,如避免抓挠和用热水烫洗,不喝浓茶与酒,忌辛辣刺激性食物。

（三）预防

（1）查找过敏原和诱发湿疹的因素,避免与过敏的东西接触。

（2）要谨慎使用染发剂。

（3）饮食清淡,多吃新鲜蔬果,戒烟酒,忌辛辣刺激食物与发物。

（4）避免过度劳累,劳逸结合,放松身心,保持情绪稳定和心态健康。

（5）养成锻炼的好习惯,增强机体抵抗力。

第九章 大学生常见疾病与防治

四、痤疮

(一)基本知识

痤疮就是平时所说的"青春痘",是一种毛囊皮脂腺的慢性炎症性疾病,主要表现为面部粉刺、脓疱、丘疹、结节,呈慢性迁延。处于青春期发展阶段的学生是高发人群,过了青春期后,青春痘会自然减少或消失。

痤疮常见于面部及上胸背部,刚开始是白头粉刺,然后逐渐向丘疹、脓疱、结节、小囊肿转化。毛囊内的脂肪栓子经空气氧化和灰尘的混入呈现出黑褐色,这就是黑头粉刺,挤压粉刺会留下小凹。若反复发作,长期不能痊愈,面部会形成瘢痕(肥厚性或凹陷性),并有色素沉着。少数女性的痤疮和月经周期有关。

(二)治疗

在青春期很难根治痤疮,而且在青春期也不需要对此过分医治,因为青春期过后自然而然就会痊愈。

1. 一般治疗与护理

(1)不要抠粉刺或挤压粉刺,以免造成感染。
(2)温水洗脸,用硫黄皂清洁皮肤,油脂类、粉类化妆品尽量不要用。
(3)治疗期间少吃油脂类食物和甜食,忌辛辣刺激性食物和咖啡,多吃粗纤维食物和新鲜蔬果。
(4)作息要规律,及时治疗便秘,以免加重痤疮症状。

2. 药物治疗

症状比较严重的可用药物治疗,但要遵医嘱用药。
(1)抗生素
若是感染症状,主要选择米诺环素、四环素、多西环素等抗生素药物,疗程一般为 6~12 周。

(2)抗雄激素药

中度或重度痤疮且雄激素水平过高的女性患者适合采用抗雄激素药。

(3)异维 A 酸

这种药物适合重度结节性痤疮患者使用,疗程一般为 15~20 周。

(4)外用药

外用药涂擦于痤疮部位,主要作用是杀菌、去脂,红霉素酒精、氯酊、洁霉素溶液等外用药比较常见。

(三)预防

(1)保持面部、上胸背部的皮肤卫生、干燥,对油性化妆品要少用。

(2)少吃辛辣刺激食物和高油脂食物。

第四节　内科疾病

一、上呼吸道感染

(一)基本知识

鼻腔炎症、咽喉部炎症总称为上呼吸道感染,细菌和病毒是引起上呼吸道感染的主要原因。从这一点出发,可以将上呼吸道感染划分为细菌性上呼吸道感染和病毒性上呼吸道感染(表 9-2)。

表 9-2　上呼吸道感染的分类

类型	症状	体征	辅助检查
细菌性上呼吸道感染（发生于四季）	咽痛； 发热、畏寒； 四肢乏力、酸痛	体温 37.5℃； 咽部充血； 扁桃体红肿； 颈部淋巴结肿大	血常规白细胞升高； 白细胞中的中性粒细胞升高
病毒性上呼吸道感染（多发生于夏末秋初）	咽痛或有其他不适症； 头痛、发热； 鼻塞或流涕； 打喷嚏、咳嗽； 肢体酸痛、乏力	发热者体温高于 37℃； 咽部充血； 鼻腔不通畅	血常规中白细胞正常或略低；白细胞中的淋巴细胞升高

（二）治疗

1. 细菌性上呼吸道感染的治疗

(1) 用红霉素或青霉素等抗生素。
(2) 体温高于 38℃要用扑热息痛等退热药。

2. 病毒性上呼吸道感染的治疗

(1) 用病毒唑、病毒灵、板兰根等抗病毒药物。
(2) 体温超过 38℃，要适当用退热剂。

（三）预防

(1) 教室、宿舍要开窗通风，在空气良好的环境下学习与休息。
(2) 减少与病人的接触，若宿舍有病人，应用喷洒或熏蒸食醋以消除空气中的病菌。
(3) 劳逸结合，避免过度疲劳。
(4) 加强锻炼，提高机体免疫力。

二、慢性胃炎

(一)基本知识

慢性胃炎也就是胃黏膜慢性炎症,这是最常见的一种胃病。一般可将这种胃病划分为三种类型,分别是萎缩性胃炎、非萎缩性胃炎以及特殊性胃炎。

病程较长是慢性胃炎一个特点,消化不良是慢性胃炎的主要症状,不同患者的这一症状在程度上有差异。消化不良具体表现为上腹饱胀和无规律疼痛、食欲不振、恶心呕吐、胃反酸,有些患者伴有贫血、消瘦等症状,严重者甚至会吐血。

(二)治疗

(1)根据具体症状选用具有抑制胃酸分泌和保护胃黏膜等功效的药物。

(2)有幽门螺杆菌感染者应服用抗幽门螺杆菌药。

(三)预防

(1)戒烟酒,饮食要健康,进食时细嚼慢咽,过热、过冷及辛辣刺激性食物都尽可能不要吃。

(2)生活有规律,保持愉悦的心情。

三、急性胃肠炎

(一)基本知识

急性胃肠炎是胃肠黏膜的急性炎症,夏季和秋季是高发季节,发热、恶心呕吐、腹痛腹泻等是这一疾病的主要症状。

急性胃肠炎的发作比较突然,刚开始会感到上腹疼痛或其他